AF711105

Pour Louise

Bonne chance !

Le Bonheur et autres mystères

suivi de:

La Naissance du Millionnaire

Données de catalogage avant publication (Canada)

Fisher, Marc, 1953-

Le bonheur et autres mystères, suivi de: La naissance du millionnaire

(Collection Motivation et épanouissement personnel)

ISBN 2-89225-436-1

1. Bonheur. 2. Succès. 3. Richesse. 4. Réalisation de soi. I. Titre. II. La naissance du millionnaire. III. Collection: Collection Motivation et épanouissement personnel.

BF575.H27F58 2000 158 C00-940891-6

©, Tous droits réservés, Marc Fisher, 2000

©, Les éditions Un monde différent ltée, 2000

Dépôts légaux: 3e trimestre 2000
Bibliothèque nationale du Québec
Bibliothèque nationale du Canada
Bibliothèque nationale de France

Conception de la couverture:
OLIVIER LASSER

Composition et mise en pages:
COMPOSITION MONIKA, QUÉBEC

ISBN 2-89225-436-1

Nous reconnaissons l'aide financière du gouvernement du Canada par l'entremise du Programme d'Aide au Développement de l'Industrie de l'Édition pour nos activités d'édition (PADIÉ) ainsi que le gouvernement du Québec grâce au ministère de la Culture et des Communications (SODEC).

IMPRIMÉ AU CANADA

Marc Fisher

Le Bonheur et autres mystères

suivi de:
La Naissance du Millionnaire

Les éditions Un monde différent ltée
3925, boul. Grande-Allée
Saint-Hubert (Québec), Canada, J4T 2V8
Site Internet: http://www.umd.ca
Courriel: info@umd.ca

À Deborah

Table des matières

Le Bonheur et autres mystères

La Naissance du Millionnaire

LE BONHEUR

ET AUTRES MYSTÈRES

Introduction

À l'école, on nous enseigne une foule de choses fascinantes et... inutiles !

Apprendre à lire, à écrire, à calculer – c'est bien. C'est même indispensable...

Mais est-ce vraiment utile de savoir lequel du Mont-Blanc ou du Kilimandjaro est le sommet le plus élevé ?

Comment se reproduisent les fourmis géantes d'Afrique ?

Combien de Romains se liguèrent pour assassiner César ?

Et combien il y avait d'évêques au concile de Trente ?

Oui, on nous assène allègrement un tas de connaissances qu'on juge indispensables et qui pourtant ne nous servent jamais dans la vie de tous les jours. Or, la seule vie que nous vivons, c'est forcément la vie de tous les jours, et ce que nous recherchons ardemment, constamment, dans toutes nos actions, dans toutes nos pensées, c'est simplement d'être heureux.

Mais du bonheur, on ne nous parle pour ainsi dire jamais, comme si le mot était tabou ou la notion si abstraite

– et si mystérieuse – que son enseignement devait être repoussé à une période plus tardive de notre vie…

Nous abordons donc l'âge adulte sans avoir la moindre idée du bonheur…

N'est-ce pas inévitable, dès lors, que la plupart des gens soient malheureux?

Ils ne l'avouent peut-être pas certes, mais… ils le montrent!

En se suicidant, en s'entre-tuant, en se querellant…

En insistant pour se mettre en couple avec quelqu'un dont ils savent d'avance qu'il les rendra malheureux, puis en payant un avocat pour lui expliquer pourquoi ils doivent se séparer…

En se ruinant au jeu sans même s'amuser…

En se gavant de tranquillisants qui ne les calment pas…

En s'empiffrant aussi fréquemment qu'ils se mettent à la diète…

En buvant pour s'amuser, puis en se mettant à pleurer aussitôt ivres…

Oui, l'école nous enseigne des choses merveilleuses mais l'essentiel, elle le passe sous silence.

Il est donc forcé que les rares gens qui sont heureux soient… des autodidactes!

À la sortie de l'école, je n'avais pas appris plus que les autres à être heureux – d'autant que je ne m'y suis pas éternisé.

J'ai donc dû apprendre sur le tas, comme on dit.

Je ne prétends pas tout savoir du bonheur, mais il me semble, bien modestement, que j'ai découvert – ou plutôt redécouvert – quelques clés fort utiles et efficaces, du moins pour moi, quelques clés qui me permettent de m'approcher de cet état qu'on appelle bonheur, de le connaître de manière plus constante, plus profonde...

Ce sont ces clés sans prétention que le lecteur trouvera dans ce petit ouvrage. Comme je ne suis pas essayiste mais essentiellement romancier de nature, ces clés, le lecteur les découvrira à travers des anecdotes, des événements de ma vie qui m'ont appris à percer petit à petit – et pas complètement bien entendu – ce grand mystère qu'est le bonheur.

J'ajouterai que les courts textes qui composent cet ouvrage ont été écrits au cours des cinq ou six dernières années, alors que j'étais dans des situations et des humeurs variées. Le lecteur ne sera donc pas étonné qu'il y ait parfois des contradictions apparentes entre les textes, et que le lien entre les chapitres paraisse parfois lâche, si ce n'est qu'ils parlent toujours du bonheur: y a-t-il vraiment un autre sujet digne d'intérêt?

L'avantage de cet apparent désordre, c'est que le lecteur peut lire ce livre au gré de sa fantaisie, de son humeur, sautant des chapitres, revenant en arrière, se fiant simplement à son inspiration... et au hasard qui le fera peut-être tomber avec une précision hallucinante sur l'anecdote, sur le principe spirituel dont il a besoin à ce moment précis de sa vie pour régler un de ses problèmes, pour retrouver ou conserver le bonheur.

Bonne lecture et surtout, trouvez le bonheur: on n'a encore rien trouvé de mieux pour... être heureux!

Le serment du malade

Jeune, je fus très souvent malade. À dix ans, à douze ans, puis enfin à quinze ans, je fus frappé de crises de rhumatisme articulaire aigu qui me clouèrent longuement au lit, et ne furent sans doute pas étrangères au goût (forcé) que je développai précocement pour les livres. (Voir *Le Souffle au cœur* ou *la Vocation de romancier*).

À chaque crise nouvelle, on devait m'hospitaliser. La dernière fois, mon séjour à l'hôpital s'éternisa, du moins me sembla-t-il, dans ma tête adolescente, et je restai un mois prisonnier des murs de l'hôpital Sainte-Justine, qui est réputé être le meilleur hôpital pour enfants de Montréal, mais tout de même: un hôpital demeure un hôpital.

Un mois...

Lorsqu'on est jeune, il nous semble que le temps avance à pas de tortue...

C'est bien, c'est formidable même lorsqu'il s'agit des vacances d'été, qui nous paraissent interminables, ce qui nous grise, mais lorsqu'il s'agit d'un séjour à l'hôpital, c'est une autre paire de manches...

Chaque jour, je me postais à la fenêtre de ma chambre, et je regardais les passants, sur Côte-Sainte-Catherine.

Oui, je les observais, ces bienheureux passants et j'avais le cœur gros, c'est le cas de le dire...

En effet, ma dernière crise de rhumatismes m'avait laissé comme séquelle une insuffisance mitrale, ou, pour m'exprimer en termes moins savants, un souffle au cœur...

Les yeux tristes, le front moite de ma dernière poussée de fièvre, les chevilles encore enflées malgré les fortes doses de cortisone qu'on m'injectait matinalement par de désagréables piqûres aux fesses, j'observais les passants, et je les enviais...

Je les enviais de pouvoir déambuler librement dans l'air lumineux et frais du mois d'avril...

Je les enviais de pouvoir aller s'asseoir dans un parc, bouquiner à la belle librairie de la rue Côte-des-Neiges, qu'avait fondée monsieur Bray et que j'avais récemment découverte. Ils pouvaient, au gré de leur fantaisie, monter dans leur voiture, prendre l'autobus, aller visiter leurs amis, faire en somme ce que bon leur semblait...

Moi, je ne pouvais rien faire de cela...

Drapé dans la ridicule petite tunique bleue dont les cordons se défaisaient continuellement, le poignet gauche ceint d'un bracelet de plastique qui m'aurait rappelé mon état déplorable si jamais je l'avais oublié, j'étais un malade.

J'étais un patient...

Impatient de retrouver sa liberté!

Eux, dehors, ils ne connaissaient pas leur chance, c'était évident. Sinon, ils n'auraient pas affiché cet air triste, ou en tout cas, cet air ordinaire de tous les jours, ils auraient souri à belles dents...

Sinon, ils ne se seraient pas contentés de marcher d'un pas mesuré, ils auraient sauté dans les airs, remerciant le ciel de leur chance...

Non, visiblement, ils ne connaissaient pas la valeur infinie de leur liberté.

Sans doute parce qu'ils n'avaient jamais été à l'hôpital.

En tout cas pas aussi longtemps que moi.

En tout cas pas assez récemment.

Alors un jour, dans la solitude de ma chambre, exaspéré par la longueur de ma maladie, par la lenteur de ma guérison, voici à peu près ce que je me suis dit, et qui ressemblait bien à un serment, pas le serment d'Hippocrate, mais le serment du malade :

« Lorsque tu seras enfin sorti d'ici, Marc, jamais plus tu ne t'autoriseras à être malheureux, quoi qu'il advienne... parce que tu seras libre, en santé, et rien, non rien, je le sais maintenant, n'est plus précieux... »

Le matin du trentième jour de mon séjour, peu après la brève visite quotidienne du médecin, l'infirmière qui s'occupait de moi arriva. Je n'accueillais jamais sa première visite matinale avec un grand enthousiasme. C'est que c'était en général l'heure de « ma » piqûre...

« Ma » piqûre, comme si j'y tenais, comme si j'étais fier d'en être l'heureux bénéficiaire...

Je ne sais pas qui a inventé les piqûres de cortisone, et il est sûrement considéré comme un grand bienfaiteur de l'humanité, mais il n'a sans doute pas pensé aux fesses fragiles d'un adolescent, car le liquide en est si épais qu'on a l'impression – à laquelle d'ailleurs on ne s'habitue jamais – de recevoir un coup de pied au derrière. Oui, parce qu'on a beau penser à autre chose, on a quand même le sentiment que c'est du ciment liquide qu'on tente d'inoculer dans notre fesse réticente...

Mais l'infirmière ce jour-là ne transportait pas sur un plateau la seringue dont la seule vue m'arrachait une grimace qui n'était d'ailleurs rien en comparaison de l'autre, plus sérieuse, plus réelle, qui déformait mes lèvres dès que l'aiguille s'enfonçait dans mon postérieur irrité...

Elle n'était pas plus souriante que d'habitude, et pourtant elle était porteuse d'une bonne nouvelle, d'une nouvelle excellente même, de la seule nouvelle que j'attendais en somme.

Elle me dit en effet, d'une voix un peu sèche mais que je trouvai pour la première fois suave: «Le docteur a signé ton congé, tu es libre...»

Je crus d'abord à une mauvaise plaisanterie.

«C'est vrai? Je peux partir quand je veux, même aujourd'hui?

– Puisque je te le dis.»

Je n'insistai pas: elle pouvait changer d'idée!

À la place, je me précipitai hors de ma chambre pour aller téléphoner à mes parents.

J'étais libre!

Enfin!

Oui, j'avais finalement obtenu mon congé, que je n'attendais plus parce que, selon les estimations optimistes de mon père, que n'avait pas infirmées ma mère, je devais d'abord rester seulement une semaine à l'hôpital...

Oui, d'abord seulement une semaine...

Puis, une fois la semaine écoulée, quelques jours de plus, tout au plus...

La troisième semaine, je l'avais faite je ne sais pourquoi...

Quant à la quatrième, comme j'étais «parfaitement guéri», c'était simplement par mesure de précaution qu'on me l'avait imposée...

J'avais beau être naïf – et croire mes parents – tous ces atermoiements avaient de quoi me rendre sceptique, car à mesure que mon séjour se prolongeait, je m'étais fait des amis, et j'avais appris, non sans un certain affolement, qu'on pouvait rester six mois à l'hôpital, pire encore un an, et qu'on pouvait même n'en jamais ressortir quand on souffrait de leucémie comme mon petit voisin de chambre qui arborait le crâne rasé d'un moine tibétain, ce qui m'avait vivement impressionné.

Mais maintenant, c'était officiel, j'avais obtenu mon congé...

Il y a plus de trente ans que je suis sorti de cet hôpital.

Je sais que je n'y retournerai jamais plus, non parce que je ne serai jamais plus malade, mais parce que... c'est un hôpital pour enfants !

Oui, il y a trente ans que je suis sorti de cet hôpital et pourtant, c'est curieux, mais je me considère encore comme quelqu'un qui a... obtenu son congé !

J'admets que c'est absurde, que je ne devrais plus voir les choses ainsi. Et pourtant, en trente ans, chaque fois que les choses ont commencé à mal aller, chaque fois que j'ai eu des déceptions, des déboires – et ils sont inévitables, même dans les vies les plus heureuses – je me suis rappelé la promesse que je m'étais faite à la fenêtre de ma chambre d'hôpital.

Ce n'était qu'une promesse d'adolescent, et d'adolescent malade au surplus, et pourtant il me semble qu'elle me lie encore.

Interdiction formelle d'être malheureux, tant et aussi longtemps que je ne retournerai pas à l'hôpital !

Quoi qu'il advienne...

Ne jamais oublier que je suis quelqu'un qui a... obtenu son congé !

J'attends au lendemain pour... être malheureux

Lorsqu'on reçoit une facture – surtout si elle est salée, et surtout si le fournisseur nous accorde trente jours pour la régler – il est rare qu'on se précipite pour la payer le jour même.

Pourtant, la plupart du temps, lorsque les gens reçoivent une mauvaise nouvelle, ils s'empressent de... payer de leur personne (et de leur corps aussi qui accuse souvent le choc en tombant malade), c'est-à-dire d'être contrarié, de perdre leur bonne humeur, de se faire de la bile.

Dans *Le Golfeur et le Millionnaire*, le vieux sage explique qu'une des clés de sa sérénité était – chaque fois qu'il recevait une mauvaise nouvelle, qu'il avait une contrariété, un problème – d'attendre au lendemain avant... d'être malheureux!

Je conviens avec vous que c'est une méthode originale, et qui peut même paraître un peu bizarre. Et pourtant je l'ai expérimentée, et elle s'est avérée fort souvent efficace, au-delà de mes attentes d'ailleurs.

Être heureux lorsque tout va bien, cela est donné à la plupart des gens, encore que certains individus soient si pessimistes qu'ils ne sont pas heureux même lorsque tout va bien – en supposant bien entendu que la vie d'un individu pessimiste puisse bien aller!

Mais rester heureux, rester d'humeur égale lorsqu'on reçoit une mauvaise nouvelle, voilà qui est faire preuve de caractère, voilà qui est faire preuve de détachement.

Dans mon métier de romancier, si incertain, surtout dans ses débuts, j'ai été obligé de développer semblable disposition d'esprit, et ne pas trop m'affliger des mauvaises nouvelles, qui sont nombreuses. Presque toutes les semaines, en effet, mon agent m'envoie des télécopies me disant que tel manuscrit a été refusé par tel éditeur. (Elle m'en envoie aussi m'annonçant de bonnes nouvelles sinon je ne pourrais pas vivre de ma plume!).

Mais à la fin de l'année je ne me dis pas: «*J'ai essuyé cinquante refus...*» Je me dis plutôt: «*Mon brillant agent a réussi à signer vingt contrats!*» Ce qui est à peu près ce qui se passe bon an mal an.

Si je m'effondrais chaque fois que j'ai un contretemps, il y a longtemps que j'aurais été interné pour dépression nerveuse. Au lieu de cela, passé un bref moment de contrariété, je me dis, comme le vieux Millionnaire: «*Attendons à demain pour être malheureux.*»

Le lendemain, la nouvelle me paraît parfois aussi mauvaise sans doute, mais souvent moins importante. Et puis, d'autres choses ont pu se passer pendant la journée, j'ai parfois eu, pour contrebalancer la mauvaise nouvelle, une bonne nouvelle.

Ou je me suis tout simplement rappelé qu'aucune loi n'a été spécialement édictée à ma naissance et qui stipulait :

«Il est interdit à la Vie d'envoyer à cet homme une mauvaise nouvelle. Il doit être préservé à tout prix de ce qui afflige tous les autres hommes !»

Oui, j'ai fait preuve de lucidité, j'ai fait taire ce stupide égocentrisme en moi qui croit que tout m'est dû, que personne n'a le droit de me contrarier, comme si j'étais un monarque absolu, le tyran de l'univers dont je peux contrôler les événements comme je règne sur mon appareil télé (qui règne d'ailleurs sur moi !) avec ma commande à distance qui m'aliène du reste plus qu'elle ne me libère, car voulant tout voir, ne rien manquer, j'en viens à ne rien voir qu'à moitié, ce qui est un syndrome fort contemporain, il me semble, et donne lieu à d'autres impatiences plus pernicieuses, comme celle qui consiste à utiliser sa commande à distance avec les êtres, dès qu'ils cessent, pendant la «pause commerciale» normale en toute existence, de me transporter au septième ciel à chaque instant.

Si je n'ai guère de contrôle sur les événements, sur les épreuves et les mauvaises nouvelles, je puis en revanche exercer un contrôle sur **la manière** dont je les reçois, je peux tenter de **maîtriser mon esprit**.

Et c'est là il me semble une des clés, banale je le sais, et pourtant fondamentale, du bonheur, et j'ai observé que les gens heureux ne sont pas nécessairement des gens qui ont objectivement moins de malheurs que les autres mais ceux qui savent le mieux maîtriser leur esprit et ne pas se laisser perturber par les innombrables contrariétés de l'existence.

Quand je parviens à attendre au lendemain pour être malheureux, je me réjouis: j'ai fait l'économie d'une journée de malheur!

Ce n'est pas rien à mon avis.

Il n'y a pas de petits bénéfices comme disent les Français, et si c'est vrai pour une entreprise, c'est encore plus vrai dans notre vie, qui est après tout ce que nous avons de plus précieux.

Oui, faire l'économie d'une journée de malheur n'est pas rien. Parce qu'il aurait fort bien pu se trouver que je meurs précisément ce jour-là, je veux dire le jour où j'ai reçu cette mauvaise nouvelle, et où j'ai été déprimé, et où je me suis mis en colère, contre l'auteur de cette mauvaise nouvelle, contre la Vie...

Oui, j'aurais pu mourir ce jour-là et il peut d'ailleurs arriver que ce soit ma colère, mon angoisse qui ait provoqué en moi un infarctus, une embolie, puisque le corps est le miroir fidèle de nos humeurs...

On croit toujours qu'on ne mourra jamais, que ce ne sont que les autres qui le font, et pourtant, tous les jours sous la rubrique nécrologique on voit le portrait souriant de gens qui... ne croyaient pas mourir un jour!

Mais en fait, il faut mourir un jour, et ce jour... c'est peut-être demain, c'est peut-être aujourd'hui!

Combien d'êtres se sont levés sans savoir que la journée qu'ils entamaient un peu distraitement ou avec une morosité qu'ils trouvent toute excusable, serait leur dernière journée sur terre? Sans doute des millions, parce que ce n'est pas tout le monde qui se sait condamné, et même ceux qui le sont ne savent pas en général avec précision le jour de leur mort.

Et si ceux qui sont morts pouvaient parler, ils nous diraient sans doute que leur mort est venue comme une... surprise!

Il faut donc que je garde à l'esprit, sans que cela ne devienne une obsession, qu'aujourd'hui est peut-être le dernier jour de ma vie...

C'est du reste ce que j'expliquai un jour, alors que j'étais célibataire et que mon appartement reflétait la bohème de ma jeunesse, (lisez: qu'il était dans un désordre sans nom!) à un charmant vendeur itinérant qui voulait me soulager de sept cents dollars que je n'avais d'ailleurs pas pour me vendre une Electrolux, le nec plus ultra des aspirateurs, paraît-il.

Je lui avais expliqué – avec un raisonnement un peu tordu, pour ne pas dire carrément tiré par les cheveux –, que je ne voulais surtout pas mourir le jour même où j'aurais perdu deux heures de ma vie à... passer l'aspirateur, que je ne me le pardonnerais jamais, si du moins j'en avais encore la capacité puisque je serais mort, ou à l'article de la mort!

En conséquence de quoi, jamais je n'achèterais son appareil même si j'étais persuadé que c'était le meilleur au monde!

Ce sophisme, je m'en souviens, l'avait à la fois amusé et rendu perplexe, tant j'avais l'air convaincu de ma philosophie, qui n'était peut-être que l'excuse d'un célibataire paresseux!

N'empêche, personne n'est éternel, et le temps est précieux, infiniment précieux, et je suis peut-être en train d'écrire ma dernière page, puisque l'avion qui me conduira ce soir vers le lieu de mes vacances – ce qui me semble une bonne nouvelle, un événement heureux – m'emporte peut-être sans que je le sache pour le grand voyage, comme il arriva récemment à Payne Stewart (pour parler d'un golfeur) ce sympathique champion emporté par la mort au sommet de sa carrière puisqu'il venait de remporter le *U.S. Open*.

Par ignorance, je peux croire que mon départ pour les vacances est un événement heureux, alors que mon avion va s'écraser. Pour la même raison (par la même ignorance) je me crois parfaitement autorisé de penser qu'il est possible qu'une situation que je croyais d'abord malheureuse, ne le soit pas vraiment.

Alors pourquoi m'en faire, pourquoi ne pas remettre au lendemain ma contrariété, mon malheur, puisqu'ils n'ont peut-être pas de fondement véritable?

Pourquoi ne pas donner le bénéfice du doute au bonheur?

D'ailleurs, en général, à quoi sert ma mauvaise humeur, que m'apporte-t-elle (sinon un ulcère), en quoi règle-t-elle mes problèmes?

Oui, souvent, avec le temps, on se rend compte que notre malheur n'en était pas un, que c'était un bonheur qui se cachait, qui prenait son temps pour venir nous visiter.

Je ne parle pas seulement de cette situation ironique où l'on revoit une femme qui nous a quitté même si (ou parce que) on l'aimait follement et qui maintenant pèse cinquante kilos de plus et dont les traits sévères trahissent le mauvais caractère: on feint de ne pas la reconnaître, et on s'éloigne en se disant qu'on l'a échappé belle...

Je parle aussi de cette perte d'emploi qui sur le coup nous paraît catastrophique, qui nous bouleverse: quelques semaines, quelques mois plus tard, on se rend compte que si on n'avait pas perdu cet emploi, si cet événement «malheureux» ne nous était pas arrivé, on n'aurait pas décroché ce nouveau poste qui nous convient beaucoup mieux, on n'aurait pas démarré cette boîte qui nous fait faire (comme on en avait toujours rêvé) des affaires en or, alors qu'on végétait dans cet emploi qu'on n'aurait jamais osé quitter et qu'on était si chagriné de perdre!

Oui, chaque fois que je peux, j'attends au lendemain pour être malheureux.

Si je peux, je tente même de trouver mon malheur risible et de m'en moquer. Je n'y arrive pas toujours mais je m'y efforce. Je me dis que dans un mois, dans un an, je le mettrai de toute manière dans un livre, ou je le placerai dans la conversation et j'en ferai rire mes amis: de drame, il sera devenu une simple... anecdote!

Pourquoi ne pas prendre la machine à voyager dans le temps... du détachement, et ne pas trouver drôle tout de suite ce qui m'arrive?

Je sais, certaines choses ne sont pas très drôles. La maladie, la mort d'êtres chers ne sont pas de bons sujets de comédie bien qu'on ait vu plus d'une veuve joyeuse!

Mais cette disposition d'esprit, ce remède si on veut, il faut surtout l'appliquer aux choses qui nous empoisonnent la vie à tort, artificiellement, si je puis dire, et donc essentiellement parce que nous ne parvenons pas à maîtriser notre esprit: ce qui du reste représente peut-être les trois quarts de nos soucis.

C'est peut-être de l'orgueil mal placé de ma part, mais je ne voudrais surtout pas que l'imbécile qui m'a annoncé une mauvaise nouvelle, et dont je me foutrai totalement lorsque je serai mort, soit responsable que ma dernière journée sur terre eût été malheureuse. Je ne voudrais pas donner à un imbécile – ni même à une personne intelligente – un tel pouvoir sur moi, sur ma vie, sur mon bonheur, d'autant que, malgré les progrès de la science, on n'a encore jamais trouvé un moyen de faire que quelqu'un puisse être heureux à ma place!

Je ne suis donc jamais pressé d'être malheureux.

J'attends au lendemain, et si, le lendemain, la mauvaise nouvelle a encore de quoi me troubler, si je n'ai pas encore trouvé un remède à mon problème, j'attends encore une journée de plus, j'attends même à la semaine suivante, si je peux, comme je le fais avec une facture que je n'ai pas envie de payer!

Dans la plupart des cas, je me félicite de ma lenteur délibérée à être malheureux.

Un jour par exemple, mon agent munichois m'informe que mon roman *Le Psychiatre*, paru quelques mois plus tôt, ne s'est pas bien vendu en Allemagne, que c'est même un échec total, ce qui tout à la fois le désole et l'étonne, car il nourrissait de grandes attentes à son sujet. J'étais trop absorbé par les derniers chapitres – toujours cruciaux – d'un nouveau roman pour m'en désoler sur le coup, puis le temps passa, et je n'y pensai plus. Parfois nos malheurs de la journée prennent, avec quelques jours de recul, autant de valeur que le journal de la veille: c'est-à-dire aucune.

Oui, je ne me désolai pas tout de suite de mon échec allemand. Ce fut une bonne chose. Car douze mois plus tard, ce même agent me revenait avec d'excellentes nouvelles, d'ailleurs surprenantes: *Le Psychiatre* se vendait tellement bien qu'il était devenu le livre du mois de l'éditeur, en fait son plus grand succès de librairie puisqu'il en avait écoulé cent mille exemplaires en moins de six mois...

L'explication?

Les lecteurs allemands avaient sans doute trouvé trop coûteuse l'édition avec couverture rigide de ce roman d'un parfait inconnu. En poche, les ventes explosèrent, car le récit est captivant, je le crois bien modestement...

Je me fis alors cette réflexion amusante que j'aurais pu passer un an de ma vie à me désoler de mon insuccès allemand, et que je l'aurais fait bien inutilement, que j'aurais même pu compromettre le succès de l'édition en livre de poche en abreuvant mon éditeur allemand d'insultes, ce qui l'aurait peut-être découragé – surtout après l'insuccès de la première édition – de tenter l'aventure de l'édition de poche.

En fait, je me dis souvent que tant qu'il n'y a pas cinq soldats irakiens ou russes qui se présentent chez moi mitraillettes au poing avec des intentions visiblement belliqueuses, il n'y a pas vraiment de quoi s'en faire!

Beaucoup de soucis, beaucoup d'ennuis sont strictement moraux, et donc concernent essentiellement mon esprit, ne me menacent pas **physiquement** et donc je peux les surmonter dans la mesure où je peux maîtriser mon esprit.

Ainsi, je prends tout mon temps pour être malheureux, et en revanche, je m'empresse de me réjouir à la première occasion, prenant pour ainsi dire des réserves de bonheur pour les coups durs de l'existence!

Oui, j'attends au lendemain pour perdre ma bonne humeur et même, ayant repoussé cette journée de malheur, j'ai fait plus encore, je crois, car j'ai peut-être évité de mettre en mouvement une série d'événements (ou d'humeurs) contraires qui auraient pris leur source dans mon malheur...

«Je m'amuse de tout»

Il y a peut-être encore mieux que d'attendre au lendemain pour être malheureux: c'est de faire comme le grand romancier français Georges Simenon.

Dans *Mémoires intimes*, il raconte l'anecdote suivante:

Un jour un producteur l'approcha pour acquérir les droits cinématographiques d'un de ses romans. Il avait réussi dans le commerce de la fourrure, et maintenant voulait faire fortune au cinéma. Les négociations conclues, ce fourreur de profession lui remet un chèque, que le célèbre créateur de l'inspecteur Maigret déposa et qui s'avéra sans provision.

Simenon en avisa poliment le producteur qui, comme il était visiblement à sec, lui proposa le marché suivant: «Emmenez votre femme au magasin et qu'elle choisisse le manteau de son choix!»

Simenon accepta la singulière proposition et sa femme jeta son dévolu sur un magnifique vison noir.

Le romancier d'une fécondité légendaire aurait pu s'offusquer d'avoir été ainsi floué, il aurait pu se hérisser et poursuivre en justice ce producteur à la manque, mais à la place il conclut: «Je m'amuse de tout!»

En lisant cette phrase, je me suis dit: «*Quelle magnifique disposition d'esprit!*»

Quel programme d'ailleurs!

Quelle philosophie de vie contenue en une seule formule!

Lorsque je me prends trop au sérieux, lorsque j'accorde trop d'importance à mes problèmes, à mes décisions, je tente de me rappeler cette formule, et de me dire:

«*Je m'amuse de tout...*»

Le billet perdu

J'achetai un jour un billet pour le tirage d'une *Mercedes*.

Le billet coûtait une centaine de dollars, ce qui est tout de même une somme, surtout pour un homme qui, comme moi, n'est pas joueur de nature – en tout cas pas quand le seul hasard décide de l'issue de l'entreprise. Je ne suis pas ennemi du hasard, mais je préfère, comme on dit, faire moi-même ma chance.

Mais le billet est acheté pour encourager une bonne cause, et pour complaire à un vieil ami sans qui je ne serais pas sur terre: mon père.

Du reste, je ne regrette pas ma décision car ma compagne me dit, avec un petit sourire complice et un éclat dans les yeux: «J'ai une irritation à la paume gauche...»

Ce qui chez elle est toujours annonciateur d'un gain financier. D'ailleurs lorsque nous recevons le billet par courrier spécial, elle me l'arrache littéralement des mains et l'examine d'un air rêveur. Il est illustré par un magnifique modèle décapotable de *Mercedes*, bleu pâle. Aussi ma compagne me demande-t-elle aussitôt: «Si nous gagnons, est-ce que je peux la garder pour moi toute seule?»

Je réponds bien entendu par l'affirmative. N'aurais-je pas l'air mesquin de lui refuser une voiture que je n'aurais payée que cent dollars et que du reste je n'ai qu'une chance sur cinq cents de gagner puisque c'est le nombre limité de billets mis en circulation? Ma compagne me saute au cou, m'embrasse, et je me dis que, le cas échéant, le billet, même perdant, m'aura valu cette joie.

Or, le surlendemain, veille du tirage, le précieux billet est introuvable. Mon premier mouvement – fautif, j'en conviens – est d'accuser ma compagne. Elle a été la dernière à l'avoir en main puisque je lui en ai en quelque sorte confié la garde. Pourtant, au lieu de nous disputer – ce qui est la pente naturelle dans un couple, en tout cas dans le nôtre! – nous tentons de raisonner.

«Réfléchis», dis-je.

Elle fronce au-dessus de ses beaux yeux bleus ses imperceptibles sourcils de rousse, regarde au ciel, comme on fait instinctivement lorsqu'on fouille notre mémoire, puis, triomphante, annonce: «Je l'ai mis entre les pages du livre de recettes.»

Le livre de recettes est un bouquin énorme aux pages écornées que nous consultons régulièrement, si bien que nous le laissons toujours bien en vue sur le comptoir, à gauche de la cuisinière.

Nous fouillons notre bible culinaire, la renversons, la secouons: il s'en échappe quelques coupures de journaux, des fiches d'autres recettes, mais de billet, point.

Nous nous rappelons alors que, la veille, ma compagne a reçu quelques amies. Se pourrait-il que l'une d'elles ait fait main basse sur le billet? Supposition invraisemblable. Ses amies sont toutes honnêtes, et puis, argue ma compagne, la «voleuse» n'oserait jamais se présenter au tirage pour réclamer «ma» voiture! Je n'en disconviens pas. Mais il reste que le billet est introuvable et que je commence à regretter cette dépense inutile, fût-elle pour une bonne cause.

Puis je pense: les poubelles!

Supposons que nous n'ayons pas rangé ce billet dans le livre de recettes mais que nous l'ayons laissé sur le comptoir. Après la petite réception de la veille, alors que, un peu avinés, nous nettoyions la cuisine, nous avons peut-être jeté par mégarde le billet. Je m'empresse de le vérifier, avec un mélange d'espoir et de dégoût. Mais je ne tarde pas à constater que la petite poubelle de la cuisine a été vidée dans un grand sac vert.

Je m'empresse de le récupérer, et, sous le regard attentif de ma compagne, en m'efforçant de retenir mon souffle pour ne pas être empesté, j'entreprends de le fouiller. Aux trois quarts, je ne reconnais plus les restes de la veille. Inutile de poursuivre plus avant cette tâche dégoûtante: je m'arrête, résigné. Le billet a bel et bien été perdu.

Nous sommes consternés, et ma compagne plus que moi: c'est surtout elle en effet qui est perdante puisque nous avions convenu que la Mercedes lui reviendrait d'office! Elle plisse les lèvres, encore dubitative: dans le passé, la démangeaison de sa paume gauche ne l'a jamais trompée, et elle s'y fie autant que les Anciens à l'oracle de Delphes!

Je pense que ce doit être le destin, que de toute manière, nous n'avions qu'une chance sur cinq cents de gagner et qu'au moins le geste charitable restera. Et pourtant je ne peux me défendre contre une pensée désobligeante envers ma compagne à qui j'avais confié le billet et qui n'en a pas pris soin correctement, et je me dis même que c'est peut-être une de ses amies malveillantes qui nous l'aura dérobé même si elle n'a pas l'intention de se présenter au tirage.

Pourtant le lendemain, jour du tirage, je pense, poussé par quelque intuition obscure, que je devrais quand même fouiller une dernière fois les poubelles : sait-on jamais !

Je m'inflige cette nouvelle corvée mais cette fois-ci, je fais deux choses que je n'avais pas faites : j'examine les déchets article par article, séparant ceux qui sont collés ensemble, aussi rebutants soient-ils, et je me rends jusqu'au fond du sac, alors que, la première fois, j'avais renoncé aux trois quarts, persuadé que le billet ne s'y trouvait pas. Il me faut une bonne dizaine de minutes pour m'acquitter de cette tâche désagréable.

Au moment d'examiner la dernière poignée de déchets, je découvre, à mon étonnement ravi... le billet perdu !

Il est un peu gondolé, un peu humide, un peu maculé de moutarde et de marc de café, mais tout de même parfaitement utilisable puisqu'on peut encore y lire le numéro. Qui selon ma compagne est assurément gagnant. Je saute de joie, et ma compagne a envie de me sauter dans les bras mais se retient au dernier moment lorsqu'elle se rappelle ce que mes mains viennent de faire.

Je pense alors que, la veille, j'avais pour ainsi dire le billet sous la main, qu'il m'aurait suffi de... me rendre au bout des choses, de fouiller jusqu'au fond du sac pour le trouver.

Presque toutes nos mésaventures sont instructives, pour peu qu'on s'arrête à en chercher la leçon. Et je me fais cette réflexion que j'ai peut-être plus d'une fois commis cette erreur dans la vie: renoncer trop vite, parce que j'étais persuadé d'avoir tout fait ce qu'il fallait faire. Le bonheur, le succès, était peut-être littéralement... *à portée de la main!*

Il me suffisait de fournir un petit effort supplémentaire, de «fouiller correctement la poubelle», jusqu'au dernier déchet.

Il me suffisait, comme disent les Américains, de retourner chaque pierre, mais jusqu'à la dernière pierre et de ne pas penser que, parce que les neuf premières ne cachaient rien, je ne trouverais rien sous la dixième.

Ce petit incident – décidément plus riche d'enseignements que je ne pensais: je ne regrette plus mon investissement de cent dollars! – m'apprend aussi que bien souvent nous accusons injustement les autres de fautes dont nous sommes les seuls responsables.

À un moment j'ai soupçonné de malhonnêteté une amie de ma compagne. Il est vrai que l'une d'elles a peut-être fait preuve d'étourderie, et, voulant nous aider à ranger la cuisine, a jeté par inadvertance le billet que ma compagne n'avait pas glissé dans le livre de cuisine mais laissé sur le comptoir.

Mais c'est peut-être moi qui, si souvent absorbé dans le livre en cours, et par conséquent distrait, ai jeté le billet. Qui sait...?

Il reste que je me suis agité inutilement, que le billet n'avait jamais été véritablement perdu, mais qu'il n'était qu'à quelques centimètres de mes mains insuffisamment industrieuses.

Je pense aussi que nous avons été chanceux dans notre malchance.

Si nous avions renoncé trop vite, nous perdions toute chance de gagner cette magnifique *Mercedes*.

C'est en tout cas ce que nous avons cru jusqu'au moment du tirage... Car cette anecdote riche en enseignements ne se termine pas ici. Le soir du tirage, ma compagne serre le précieux billet dans sa main. Mais l'organisateur annonce qu'il procédera comme l'année précédente, c'est-à-dire qu'il tirera d'abord dix noms puis procédera par élimination!

Nous constatons alors que le billet était complètement inutile!

Le nom de chaque personne qui avait acheté un billet était noté sur une liste à partir de laquelle le tirage avait lieu!

Ma compagne et moi, nous nous regardons alors, éberlués, honteux.

Nous nous sommes donné tout ce mal, nous avons failli nous disputer, nous avons failli accuser une amie, je me suis plongé deux fois les mains dans un sac de poubelle, pour rien, absolument rien, puisque le billet n'était même pas nécessaire au tirage: il suffisait de l'acheter pour que notre nom se trouve sur la liste des éventuels gagnants! Dont nous ne faisons pas partie parce que notre nom ne figure pas parmi les dix premiers noms desquels serait choisi le grand gagnant.

Dans un mouvement de dépit, ma compagne faillit déchirer l'inutile billet. Mais je retins sa main mortifiée. Comme c'était moi qui l'avais payé et qu'il ne valait plus rien – et qu'il était tordu et malodorant ! – je lui ai demandé de me le remettre. Je l'ai conservé.

Maintenant, il ne sent plus rien. Non pas parce que je l'ai lavé, mais parce qu'il est sous verre. Je l'ai fait encadrer en effet, et je l'ai accroché à un des murs de mon bureau, bien en vue.

Lorsque j'ai une contrariété, lorsque j'ai perdu quelque chose que je croyais précieux – une opportunité, une amitié qui n'en était pas une véritable puisque je l'ai perdue, une affaire – lorsque je me fais de la bile, je regarde ce billet et je pense que lorsque je l'ai perdu, j'ai été malheureux inutilement, et que je suis peut-être en train de faire la même chose.

Mais je pense aussi à la première leçon de cette mésaventure : ce billet, je ne l'aurais pas perdu si j'avais été plus ordonné, et je ne l'aurais pas retrouvé si j'avais été moins persévérant...

P.-S. : Cette petite anecdote comporte un post-scriptum. De retour à la maison, après ce cocktail inutile, ma compagne ne comprenait toujours pas comment sa paume irritée avait pu la tromper et elle aurait sans doute cessé illico d'en écouter les oracles si le lendemain matin, dans la boîte aux lettres, elle n'avait pas trouvé un chèque de cinq cents dollars en remboursement d'une somme qu'une vieille amie lui devait depuis des siècles et à laquelle elle avait pour ainsi dire renoncé.

P.-P.-S. : Cette petite anecdote comporte un autre post-scriptum. Même si le billet nous avait été volé par une amie, il lui aurait été inutile, puisque, comme je l'ai dit, son nom n'aurait pas figuré sur la liste des acheteurs de billets. En somme, les seules choses qu'on peut nous voler sont peut-être celles qui ne nous appartiennent pas.

Le sapin de Noël

Il y a quelques années, un soir de la fin de décembre, je rêvassais au salon, toutes lumières éteintes, sauf celles du petit arbre de Noël que ma femme avait joliment décoré.

J'étais assis de telle manière que je ne pouvais pas voir notre arbre, mais qu'en revanche, je pouvais apercevoir, à travers notre porte-patio, celui de mon voisin, qui était immense et magnifiquement décoré.

Je ne sais pourquoi, j'éprouvai alors une certaine envie. Je me dis: «*Nous n'aurions pas dû lésiner, nous aurions dû acheter un plus gros arbre. Après tout, Noël n'arrive qu'une fois par année!*»

D'ailleurs, plus je regardais l'arbre de mon voisin, plus un sentiment nouveau me gagnait, une sorte d'irritation que j'avais peine à contenir. En effet, non content d'avoir un arbre plus gros que le nôtre, mon voisin avait imité notre décoration! Oui, tout était quasiment identique: les lumières, les boules, les anges, les rubans! Décidément, il avait du culot! Il ajoutait l'insulte à l'injure! Voulait-il nous narguer, ou quoi?

Ulcéré, je me levai pour me rendre compte de plus près...

Je n'avais pas fait trois pas que je compris ma ridicule méprise.

Mon voisin n'avait absolument rien à se reprocher.

Pour la simple et bonne raison qu'il n'avait même pas d'arbre de Noël!

Celui que j'avais cru voir chez lui n'était que la réflexion, magnifiée dans la porte-patio, de mon propre arbre de Noël!

D'abord honteux, je me consolai à l'idée que je pouvais tirer une leçon de cette petite expérience: car à la vérité, nombre de mes désirs, qui occupent mes pensées, influencent mes humeurs, et surtout m'empêchent parfois d'apprécier ce que je possède – parce que ce n'est pas aussi «gros» que ce que j'aimerais posséder – oui, nombre de ces désirs qui souvent assombrissent mon bonheur ne sont-ils pas comme cet arbre de Noël que je voyais chez mon voisin: purement irréels et créés de toutes pièces par mon propre esprit qui ne se rend pas compte de l'illusion d'optique?

Bonheur de l'embouteillage

Je m'étonne souvent de l'impatience des gens dans les embouteillages, cette impatience qui se traduit par des mines congestionnées – autant que les routes ! –, des coups de klaxon irrités, parfois même des jurons ou des bras d'honneur.

Je ne sais pourquoi, sauf dans des moments de grande fatigue, ou s'il y a une urgence véritable, j'ai toujours été insensible à cette impatience que d'ailleurs je trouve vulgaire, et qui l'est si du moins on se réfère au sens étymologique du mot : « vulgaire » vient en effet du mot latin vulgus, qui veut dire multitude. La multitude – le commun des mortels – est impatiente.

Surtout au volant de sa sacro-sainte voiture.

Surtout dans un embouteillage.

Oui, ces mêmes gens qui déplorent les guerres, la violence sociale, la délinquance, seraient sans doute prêts à égorger le conducteur de la voiture devant eux et appuieraient presque sur le bouton de la bombe atomique pour se sortir de cet embouteillage...

Comme si, d'ailleurs, leur colère, leurs invectives, leur dangereuse poussée de pression pouvaient changer quoi que ce soit à cet embouteillage!

Et dire que la voiture a été initialement inventée pour rendre la vie des gens plus agréable!

Le plus ironique – et le plus paradoxal – c'est que ces gens, dont 90 % n'aiment pas leur travail et ne s'y rendent qu'à contrecœur, sont frustrés... parce qu'ils vont arriver en retard au bureau!

Si au moins c'était pour un rendez-vous amoureux – surtout un premier rendez-vous – je comprendrais...

Mais arriver en retard au bureau...

Arriver en retard...

Il suffit d'aller une fois au Mexique ou en République dominicaine pour se rendre compte à quel point cette notion de retard est culturelle, à quel point nous sommes aliénés par le temps, par les horaires...

C'est d'ailleurs pour cette raison qu'on entend souvent des gens exténués se plaindre: «Je n'ai pas une minute à moi!» Comme si le temps, comme si leur vie ne leur appartenait plus: c'est pourtant eux qui ont établi leur horaire, non!

Je sais, la ponctualité est la politesse des rois, mais lorsqu'elle devient le calvaire du peuple, je me rebiffe.

Pourtant, pour ne pas manquer de respect à ceux que je dois rencontrer, et pour ne pas me stresser dans les embouteillages, j'ai pris l'habitude de partir avec une bonne demi-heure d'avance. C'est d'ailleurs une des raisons pour laquelle la plupart des gens s'étonnent que je sois si ponctuel, même si je pars de très loin pour aller les retrouver.

Si ponctuel et si détendu... même si j'ai ét. d'un bouchon de circulation monstre!

Car lorsque je me retrouve dans un embouteillage, . ne me dis pas: «*Je vais arriver en retard à mon rendez-vous*» (puisque je suis parti d'avance), je me dis plutôt: «*Profitons-en pour prolonger le délicieux rendez-vous que j'ai pris avec moi-même!*»

Ma voiture devient une cave de méditation.

Cet embouteillage devient à la vérité une bénédiction: j'avais négligé ma méditation depuis quelque temps, je rattrape le temps perdu (le temps, encore lui!), je répète: «*Om namah shivayah*» qui est mon mantra.

Je respire.

Je contemple le ciel.

Que je remercie d'ailleurs de m'accorder ce moment de répit dans ma vie parfois un peu trop mouvementée, dans mon horaire un peu trop chargé. Du reste par ma faute.

«*Om namah shivayah.*»

Qui est du sanskrit et qui veut dire, à peu près: «Je m'incline devant Dieu.»

Oui, je contemple le ciel, je respire, je médite.

Et ce moment qui aurait pu être désagréable, qui aurait pu être frustrant, devient suave: l'embouteillage n'est plus qu'un jardin des délices, comme pourrait l'être, comme devrait l'être toute mon existence, si du moins je me rappelais qu'elle n'est qu'une occasion de méditer et de célébrer la splendeur de la Vie.

Le bonheur et l'amour

Je pourrais écrire des milliers de pages sur l'amour. Disons des centaines, ne soyons pas trop prétentieux. C'est en effet un sujet inépuisable, ce qui est normal puisque, avec le travail, il constitue l'un des deux grands pôles de notre existence.

Tout a été dit sur l'amour, mais j'aimerais quand même apporter ma modeste contribution à la question. Ce que j'ai à dire est simple et choquera peut-être de prime abord: l'amour – je veux dire l'amour romantique – ne rend pas heureux!

Comprenez-moi bien! Je sais que c'est une expérience extraordinaire, et d'ailleurs, au cours des vingt dernières années de ma vie, je crois que j'ai fait ma part, si je puis dire, car je n'ai pas passé une minute sans aimer – parfois sans retour – et pas un mois sans compagne. Parfois à tort, il est vrai, et inspiré d'une impatience plus physique que purement sentimentale.

Mais l'expérience que j'en tire – et qui est identique à celle observée chez les couples que j'ai connus – est que, passée l'exaltation des débuts, chaque être dans un couple retrouve son niveau originel de bonheur – ou de malheur! Et c'est là le problème.

On nous a fait croire que l'amour – je veux dire l'amour romantique – réglait tout, qu'il était une panacée universelle. Chacun constate le contraire dans sa vie, et pourtant, par une obstination incompréhensible – mais largement entretenue par la littérature, le cinéma, et toute notre culture, il est vrai – chacun continue illusoirement de croire qu'il rencontrera un jour la personne qui réglera tous ses problèmes et le rendra heureux.

Ne vous méprenez pas. Ce n'est pas le langage d'un homme désabusé que je tiens. L'amour est pour moi essentiel, et fut plus souvent heureux que malheureux.

Je n'aime rien autant que de partager mes joies, mes succès, avec l'être aimé, et me consoler sur son épaule de mes déboires, qui du coup me paraissent moins graves, surtout si l'épaule est charmante.

Voyager seul me pèse, car rien ne m'exalte autant que de découvrir un pays nouveau avec l'être aimé, ou de lui faire découvrir ce que je connais déjà et que je redécouvre à travers ses yeux enthousiastes.

Un repas gastronomique? Il me semblerait ridicule de le prendre seul.

Quant à l'amour – je veux dire l'amour physique – je dois être vieux jeu, ou simplement vieux, mais je préfère aussi ne pas être seul pour le faire!

Je n'irais pas jusqu'à dire, comme Platon, que l'amour est une maladie de l'esprit, même si on dit souvent d'une femme qu'on aime follement, qu'on est malade d'elle, et d'une femme qui nous insupporte, qu'elle nous rend malade.

Pourtant, je suis conscient que, dans la vie de tous les jours, passée comme j'ai dit la griserie des premières semaines – ou des premiers mois – chacun se retrouve pour ainsi dire seul avec soi-même, et s'il n'est pas heureux avec lui-même, il a un problème. Que l'amour n'a pas pu régler.

Et d'ailleurs, une fois en couple – je n'invente rien et mon observation n'est pas originale ! – on se retrouve parfois avec une vie beaucoup plus compliquée, avec des compromis qu'on n'était pas tenu de faire dans cette solitude qui pourtant nous pesait, avec des problèmes qu'on ne s'imaginait pas lorsque nous trouvions notre vie trop monotone. On ne pensait qu'à une chose : former un couple, faire l'amour avec cette personne qui nous habitait, et avec qui maintenant on habite – parfois à regret.

Une des raisons de cette déconfiture amoureuse – et je parle en connaissance de cause, croyez-moi – est que dans bien des cas, surtout dans notre jeunesse, on confond aisément le désir et l'amour.

On trouve une femme belle, on trouve une femme bien faite, l'odeur de son parfum – et de son corps – nous grise, on trouve drôle tout ce qu'elle dit et on croit l'aimer alors qu'on en est simplement amoureux, ou entiché, si vous voulez.

Oui, dans les débuts, lorsque le désir est à son paroxysme, une femme nous lirait les pages jaunes qu'on la trouverait fascinante, même si elle n'a aucune affinité véritable avec nous, même si rien dans son caractère, dans ses goûts, dans ses rêves – que nous ne connaissons d'ailleurs pas ! – ne nous permet de penser que l'union pourra survivre au désir qui s'émousse inévitablement.

Mais le jour où il est émoussé, elle pourrait nous lire un chef-d'œuvre, nous nous endormirions quand même sur l'oreiller.

Et ce que je dis pour l'homme est aussi valable pour la femme qui, une fois la passion du début passée, découvre souvent à côté d'elle un véritable étranger, dont les défauts, dont les habitudes l'auraient peut-être refroidie définitivement, si elle les avait connus avant de céder à ses avances – si tant est que ce soit lui qui ait fait les premiers pas, ce qui n'est pas toujours le cas!

J'admets que l'amour peut bonifier les êtres, mais des changements radicaux, et surtout permanents, il ne semble pas en accomplir fréquemment. Un Mouton-Cadet ne deviendra jamais un Château-Margaux, et nous nous épargnerions bien des efforts, et bien des espoirs inutiles si nous ne nous efforcions pas de changer l'autre, si dès le départ nous choisissions un partenaire qui nous convient vraiment, sans tenter, d'ailleurs inutilement, de le mettre à notre main.

En conséquence, si je veux être heureux, il faut que je fasse le «travail sur soi», que je ne demande pas à l'autre, ou à l'amour de faire le travail pour moi, si vous me passez ce jeu de mots un peu facile.

Je dois donc m'en remettre à moi-même pour faire mon propre bonheur, ce qui ne veut pas dire que je sombrerai dans un égocentrisme déplorable.

Ce qui du reste, lorsqu'on en prend conscience, est une libération et non pas un sujet de tristesse. Désormais, je ne me permets plus de tenir l'autre responsable de ma mauvaise humeur matinale. Si j'ai un échec professionnel, je ne le reproche pas à ma compagne. Si les choses ne vont pas comme je le voudrais, je travaille à perfectionner ma patience ou je pose des gestes qui feront bouger les choses.

En d'autres mots, je libère l'autre d'un fardeau énorme: celui de me rendre heureux.

Je n'attends plus de lui ce que j'en attendais auparavant. Je prends ce qu'il peut me donner, en sachant au départ les limites de cet échange – souvent mystérieux, souvent délicieux, j'en conviens – qu'on appelle l'amour.

En fait, constatant précocement les limites de l'amour, je me suis depuis longtemps fixé une règle de conduite que j'ai presque toujours pu observer et qui je crois m'a été fort utile: j'essaie d'être responsable de 90 % de mon bonheur, et je ne laisse à l'autre que le fardeau des 10 % qui restent.

Ainsi, je suis toujours heureux à 90 %, ou pour mieux dire, l'autre ne peut être tenu responsable que de 10 % de mon malheur. Je n'ai donc rien à lui reprocher – ou si peu que ça n'en vaut pas la peine! Et si les choses ne vont pas dans ma vie, c'est à moi et à moi seul que je m'en prends.

Je sais que cette mathématique peut sembler un peu ridicule, surtout avec un sentiment aussi mystérieux, aussi profond que l'amour qui n'est pas, et ne sera jamais mesurable comme une tasse de farine. Et j'avoue que malgré cette règle de conduite j'ai parfois été bouleversé – et souvent longtemps – par une rupture.

Mais tout de même, ça donne une idée, je pense, de l'attitude qu'on devrait prendre et qui nous évite bien des déceptions – des dépressions et des suicides aussi – car qu'arrive-t-il, par exemple, à la femme qui a fait reposer tout son bonheur dans les mains de son mari et qui le surprend dans les bras de sa secrétaire – ou le perd dans un accident d'avion?

Je crois que le bonheur est trop précieux pour qu'on le mette entièrement dans des mains aussi incertaines que celles d'un partenaire: malgré tout son dévouement, son bonheur passera presque toujours avant le nôtre.

En terminant, je dirais que, sachant désormais les limites de l'amour, si on veut former un couple heureux, nous n'avons plus que deux choses à faire. Oui, seulement deux choses: être soi-même heureux et n'aimer qu'un partenaire déjà heureux, parce que le malheur de l'un mine inévitablement le bonheur du couple, même si l'autre est heureux.

C'est simple, vous voyez!

La sagesse d'un enfant de quatre ans

Chaque fois que je vais chez le dentiste, c'est inévitable, je pense à la mort.

Et si la notion de l'immortalité de l'âme n'avait pas été inventée il y a des millénaires, je suis sûr qu'elle serait venue à un philosophe moderne sur le fauteuil de son dentiste.

Comprenez-moi bien: si je pense à la mort dans le cabinet de mon dentiste, ce n'est pas qu'il soit un boucher qui me charcute au point de mettre ma vie en péril! Je suis persuadé, en fait, qu'il exerce son métier comme un véritable artiste.

Mais malgré tout, lorsqu'il m'examine – ou lorsque sa charmante assistante me nettoie les dents – il heurte parfois une de mes gencives, qui saigne, parce qu'elle est sensible, malgré une bonne hygiène. Et je pense alors à la décadence, lente mais réelle, de mes gencives, et par conséquent à celle de mon corps.

De là à penser à la mort, il n'y a évidemment qu'un pas à faire.

À ma dernière visite, j'eus d'ailleurs l'occasion d'y penser davantage. C'est un peu ironique, car l'examen et le nettoyage s'étaient faits si parfaitement – sans aucune douleur, sans la constatation d'aucune nouvelle carie – que, ma foi, je n'avais pour une fois pas songé à la mort. Mais un ange semblait veiller, dont le devoir est de me rappeler la précarité de notre condition humaine.

Je venais de raconter à mon dentiste les malaises inquiétants (voir *La leçon de la maladie*) que j'avais eus, et la tristesse qui se lisait dans les yeux effarés de ma petite fille de deux ans, lorsqu'il me raconta une anecdote touchante.

La veille en effet son fils de quatre ans l'avait étonné en lui disant: «Je sais que tu vas mourir, papa, je l'ai vu à la télévision, tout le monde meurt. Mais moi je ne veux pas que tu meures, ça va me faire trop de peine...»

Un peu interloqué, son père prit le parti de ne pas lui mentir, de ne pas entretenir en lui l'illusion qui fleurit chez tant d'êtres pourtant bien plus âgés.

«C'est vrai, dit-il, je vais mourir, c'est la vie, mais le temps qu'on va passer ensemble on va être heureux, on va s'amuser, on va s'aimer beaucoup.»

Son fils comprit et sans rien dire, mais avec une émotion évidente, le serra très fort dans ses bras et dit:

«Je t'aime beaucoup, papa.»

En sortant de chez mon dentiste, ce jour-là, je me dis que cet enfant de quatre ans était plus sage que bien des adultes et que son père était non seulement un dentiste talentueux, c'était aussi un philosophe qui s'ignorait, parce que la prescription qu'il avait donnée à son fils était excellente, était la meilleure même, la plus sage.

Il avait en effet suggéré à son fils de faire ce que nous devrions tous faire, et que nous attendons trop souvent de faire parce que nous croyons que les gens qui nous entourent et que nous aimons ne mourront jamais ou seulement dans un avenir si lointain qu'il ne vaut pas la peine de rien faire maintenant: nous devrions être heureux **pendant** que nous sommes ensemble, et non pas **après**, et non pas quand il est trop tard.

Oui, et nous devrions, comme mon sage dentiste le proposa à son fils, s'amuser et s'aimer beaucoup.

Lorsque nous entendons les paroles de cet enfant de quatre ans, nous savons qu'il a raison, et pourtant combien de brouilles avons-nous laissé s'éterniser, combien de réconciliations avons-nous repoussées?

Avec des êtres chers, avec nos parents, nos enfants, notre conjoint?

Et puis un jour il est trop tard, ils sont morts et nous sommes encore fâchés et nous n'avons pas encore eu le temps de leur dire l'essentiel: que nous les aimions, et que la vie était belle, que la vie était merveilleuse, du temps où ils étaient encore... vivants!

La sagesse des étoiles

Parfois, par de belles nuits d'été, je m'attarde à contempler le ciel.

Il y a combien d'étoiles dans notre galaxie?

Des centaines de milliards...

Et combien y a-t-il de galaxies similaires dans l'Univers?

Sans doute des millions...

En comparaison, que sont mes problèmes, même ceux qui me semblent graves?

Bien peu de choses.

D'infimes poussières auxquelles j'accorde une importance considérable, une importance exagérée, qui empoisonne ma vie, et celle de ceux qui m'entourent...

Je sais que mes problèmes ont leur importance, que souvent ils recèlent une leçon, que je ne dois pas les fuir, mais m'y attaquer hardiment, les prendre à la gorge...

Mais les laisser, eux, me prendre à la gorge, s'attaquer à mon bonheur, non!

Parce que dans trente ans, dans quarante ans, et peut-être aussi dans un an, je serai mort, et je ne vais certes pas laisser ces problèmes qui ne sont rien en comparaison de l'univers me gâcher les quelques années qui me restent à vivre...

Non, je ne peux me permettre ce luxe ridicule...

Le seul luxe que je peux me permettre, que je dois me permettre, c'est d'être heureux tout de suite, dès maintenant, peu importe mes problèmes, peu importe leur gravité, réelle ou supposée...

Car si je ne suis pas heureux tout de suite, quand diable le serai-je?

N'y a-t-il pas une grande témérité à toujours repousser le moment où je serai enfin heureux?

Diderot, dix ans avant sa mort, disait, d'une manière prophétique: «Il ne me reste que dix ans dans mon sac...»

Moi, combien me reste-t-il d'années dans ma besace?

Et toi, lecteur, mon ami, combien en reste-t-il dans la tienne?

La sagesse des morts

L'autre jour, ayant quelques minutes à tuer avant un rendez-vous, et me trouvant près du cimetière Côte-des-Neiges, je décidai d'y faire une promenade. Il y avait des années que je n'y avais pas mis les pieds, et la dernière fois, c'était dans des circonstances un peu tristes, puisque j'y allais pour un enterrement. Ce rendez-vous me préoccupait, parce que j'avais un problème délicat à régler.

C'était en mai – un de mes mois préférés – et le temps était magnifique. Une brise légère soufflait, le soleil brillait et tout à coup l'importance de mon rendez-vous me parut moins grande.

Je regardais les noms sur les pierres tombales.

Avec la date de leur naissance, et celle de leur mort, et je me dis: «*Que sont tous leurs problèmes pour ces gens?*»

Rien, bien entendu.

Que sont pour eux tous les gens qui les ont ennuyés, qui ont empoisonné leur existence?

Rien non plus.

Puisqu'ils sont morts.

Comme du reste ils ne sont rien pour ceux qui leur ont survécu, sinon un souvenir dans un coin de leur mémoire, un souvenir nostalgique ou pas, que le temps d'ailleurs finira par effacer...

Puis je pensai à un autre cimetière, plus vaste que celui de Côte-des-Neiges: le cimetière de l'humanité.

Qui contient des centaines de milliards de morts...

Qui avaient peut-être eu l'imprévoyance, la témérité de croire qu'ils avaient tout leur temps, et qui étaient peut-être morts avant d'avoir été heureux, qui étaient peut-être morts sans avoir eu le temps de se débarrasser du fardeau quotidien de leurs problèmes, sans savoir qui ils étaient, pourquoi ils étaient sur terre...

Je pensai à mes soucis – à ce rendez-vous qui me préoccupait – à ces soucis qui ne seront rien lorsque je serai mort, comme ils ne sont rien pour ceux dont le nom est gravé sur ces pierres tombales. Je me dis: «*Pourquoi ces soucis qui ne préoccupent plus les morts me préoccupent-ils, moi?*

Et je pensai alors que s'ils ne préoccupaient plus les morts, c'était que leur esprit était ailleurs, puisque ce n'était que leur cadavre qu'on ensevelissait.

Et que si je pouvais faire que mon esprit soit ailleurs – je veux dire ailleurs que fixé sur mon problème – si je pouvais maîtriser mon esprit et faire en sorte qu'il domine mon problème, qu'il le traite comme si c'était un jeu, mes soucis ne me tracasseraient pas plus que si j'étais mort et enterré.

Je serais libre!

Oui, privés de la puissance que seul mon esprit leur conférait, mes problèmes seraient comme des feuilles d'automne que le vent chasse à son gré. Ils s'en retourneraient d'eux-mêmes, comme des laquais qui un jour s'étaient crus des maîtres, dans le néant d'où je les avais laissés s'échapper.

Par distraction. Par une faiblesse passagère de mon esprit.

Dans le néant où ils retourneront de toute manière lorsque je ne serai plus de ce monde.

Mais pourquoi ne pas, par une merveilleuse et simple abstraction, me retirer dès à présent de ce monde, *de mon vivant*, en cultivant le détachement, qui est non seulement le commencement de la sagesse mais, je le vois bien, du bonheur?

Je ne serais certes pas indifférent aux autres, mais libre tout à coup. Bien sûr, j'aurais encore du chagrin si un être cher mourait, s'il s'éloignait, s'il était malade. Mais pour tous les autres soucis, qui sont la majorité, pour tous les soucis «autogénérés», si je puis dire, je serais libre...

Je consultai ma montre. Je devais maintenant me rendre à ce rendez-vous, mais je ne m'y rendis pas dans le même état d'esprit. Je me dis: «*Laisse les vivants avoir leurs soucis, toi, sois libre comme un mort, mais avant de mourir!*»

Mon rendez-vous, soit dit en passant, se déroula merveilleusement bien, puisque le problème que j'appréhendais ne fut même pas soulevé. Je l'avais seulement imaginé!

Résolution: Fort de la sagesse des morts, vivre dans l'allégresse, dans la gloire du présent, sachant que demain je serai mort, et que, par conséquent, c'est aujourd'hui que je dois être heureux.

Parfois pourtant, notre bonheur quotidien est perturbé par de petites choses, qui prennent petit à petit de l'ampleur, surtout lorsqu'on a des enfants, surtout lorsqu'on a un petit bébé...

Faire confiance aux spécialistes

Ma femme et moi souffrions depuis trois mois d'un manque aigu et chronique de sommeil, qui commençait à menacer la bonne humeur de notre famille.

Est-ce parce que nous étions des oiseaux de nuit – ce qui aurait expliqué que nous devenions marabouts?

Non.

Nous nous couchions à une heure fort bourgeoise.

Buvions-nous trop de café?

Non.

Étions-nous si débordés de travail que nous ne pouvions plus trouver le repos?

Non plus.

C'est simplement que notre fille Julia, qui avait été un poupon exemplaire à ses débuts, depuis trois mois ne «faisait plus ses nuits», comme disent les parents dans leur jargon.

Oui, l'adorable poupée, qui avait maintenant six mois, se réveillait six fois par nuit.

Et comme elle pleurait à nous arracher des larmes, qu'un mur mitoyen sépare sa chambre de la nôtre, il fallait chaque fois se relever pour aller la rendormir.

Tâche nécessaire mais exaspérante à la longue malgré toute l'adoration que nous vouions à Julia. Ma compagne m'expliquait qu'un enfant doit littéralement «apprendre» à se rendormir par lui-même, que ce n'est pas un mécanisme inné chez l'être humain.

J'en convenais. Notre fille nous paraissait «vite» pourtant, dans bien des domaines: c'est ce que tous les parents pensent de leur enfant jusqu'à ce qu'il arrive à l'école et se classe bon... vingtième!

Oui, nous la croyions vite. Mais visiblement elle était lente au chapitre du sommeil: se rendormir par elle-même la dépassait... et comme elle se réveillait à toutes les heures, c'est nous qui commencions à être dépassés par la situation!

Nous étions des parents après tout, pas des saints, pas des infirmiers payés pour leur veille de nuit!

Pourtant, dès le moment de son coucher, vers dix-neuf heures trente, nous marchions à pas de loup dans la maison, nous ne parlions qu'à mots couverts, évitant tous les sujets qui pouvaient dégénérer en discussion. Nous évitions aussi de donner à Julia les «cacos» (c'est un néologisme qui provient de cookie, biscuit) qu'elle réclamait à tout propos, parce qu'ils contiennent du sucre, qui aurait pu, comme chacun sait, la surexciter et troubler son sommeil. Rien n'y faisait.

Chaque nuit, malgré nos prières, Julia se réveillait à de nombreuses reprises, et la seule manière de la rendormir était de la bercer pendant de longues minutes, ou de lui donner du lait chaud. Qu'il fallait évidemment préparer en descendant à la cuisine.

Enfin un jour, par un heureux hasard – comme s'il y avait un bon Dieu pour les parents au désespoir! – ma compagne découvrit, dans un magazine, un article qui traitait de ce sujet pour nous mystérieux et surtout offrait des conseils aux parents exaspérés. Le conseil principal était d'ailleurs fort simple, tellement en fait qu'il nous inspira d'abord un certain scepticisme. Pas assez pourtant pour ne pas en faire l'essai.

Selon l'auteur de cet article providentiel, nous faisions une erreur fort grave: nous donnions à Julia son dernier boire dans sa petite chambre, sur une belle chaise berçante que nous avions spécialement achetée à cette fin.

L'erreur n'était évidemment pas de lui donner son boire dans cette berceuse mais que cette berceuse fût dans sa chambre.

Nous avions en effet inconsciemment créé une habitude chez Julia: elle associait l'acte de s'endormir – et de se rendormir – au fait de recevoir son lait chaud dans la chaise berçante de sa chambre.

Nous étions donc responsables de notre propre malheur!

Heureusement la solution recommandée par l'auteur était simple:

Ne jamais donner le dernier boire de l'enfant dans sa chambre.

Lorsque l'enfant pleure, attendre d'abord cinq minutes avant d'aller le retrouver, ne pas lui donner de lait, ni le prendre dans ses bras mais simplement le réconforter, en lui parlant doucement, en le cajolant et, le cas échéant, en replaçant ses couvertures.

La seconde nuit, attendre dix minutes avant de le retrouver.

La troisième nuit, quinze minutes...

L'auteur de l'article garantissait le succès au bout d'une semaine.

Qu'avions-nous à perdre?

Nous appliquâmes à la lettre les recommandations de cet auteur fort optimiste.

Au bout de trois jours, Julia faisait ses nuits.

Et ses bienheureux parents aussi d'ailleurs!

Oui, elle faisait enfin ses nuits!

Et ne se réveillait plus.

Et ne nous réveillait plus!

Inutile de dire – mais je vais le dire quand même! – que nous étions enchantés.

Étonnés aussi de constater qu'un parfait étranger eût réussi là où nous avions échoué, c'est-à-dire eût réglé le problème de sommeil de «notre» bébé qu'il ne connaissait ni d'Ève ni d'Adam!

Je pensai alors que jamais, malgré toute mon ingéniosité, je n'aurais découvert par moi-même cette solution dont la simplicité et la logique sont pourtant désarmantes.

Non, jamais je ne l'aurais trouvée.

Et je pensai qu'il y avait vraiment des spécialistes, puisqu'ils peuvent régler «mes» problèmes, mieux que moi, même s'ils ne me connaissent pas et ne m'ont jamais rencontré.

Oui, il y a de véritables spécialistes – comme il y en a des patentés aussi. Et il est utile de suivre leurs conseils.

Je pensai aussi que le bonheur est sans doute plus mystérieux, plus impénétrable que le sommeil d'un poupon.

Et que peut-être je ne devrais pas hésiter à consulter un spécialiste du bonheur.

Qui m'aidera peut-être à trouver des clés, des remèdes simples et qui pourtant me sembleront miraculeux, même s'il ne me connaît pas, même s'il ne connaît pas mes problèmes, comme l'a fait l'auteur de cet article pour le sommeil de Julia, la merveilleuse.

Et celui de ses parents, les exaspérés.

Évidemment, il me faut trouver un vrai spécialiste, et pas un charlatan comme il y en a tant.

Pour que cet homme m'inspire confiance, il doit d'abord, il me semble, me donner la preuve que sa philosophie est vraie, c'est-à-dire qu'elle a d'abord marché pour lui: et donc qu'il est heureux.

Un roi dit un jour à Bouddha: «C'est curieux, vous êtes vêtu de haillons, vous ne possédez rien, vous mendiez votre nourriture, et pourtant vous irradiez une telle sérénité, une telle majesté se dégage de vous que vous avez l'air d'un véritable roi, alors que moi qui suis vêtu de riches parures, qui possède un palais, des serviteurs, j'ai l'air d'un mendiant à côté de vous.»

Bouddha possédait la véritable richesse: la réalisation spirituelle, clé du bonheur.

Un être comme Bouddha donc, même si je ne l'ai pas rencontré – et qu'il ne m'a pas rencontré – a l'air d'un véritable spécialiste du bonheur. Je peux donc il me semble me fier à ses conseils.

Je devrais le lire – ou plutôt le relire – comme je devrais lire d'autres grands sages dont toute l'existence a été consacrée à la recherche du bonheur et de la réalisation spirituelle.

Et je devrais surtout, oui, surtout ne pas me contenter de les lire, mais faire comme j'ai fait pour le sommeil de ma fille Julia: mettre en application les conseils des véritables spécialistes du bonheur, les grands sages.

Et que répètent-ils?

Que le véritable bonheur se trouve en nous et non pas dans le monde.

Que pour le connaître, il faut se connaître soi-même. Et la manière la plus simple, la plus sûre de se connaître est de méditer.

J'ai dit qu'il faut faire confiance aux spécialistes, mais parfois aussi il faut s'en méfier, comme en témoigne la petite anecdote suivante...

Le ficus qui perdait ses feuilles... ou l'éloge de la raison

Pour mon anniversaire, ma mère m'offrit un jour un magnifique ficus. Le ficus, du moins sous nos latitudes, est un arbre d'intérieur aux feuilles lustrées que les fleuristes vendent à fort prix. En Californie, au Mexique, il pousse partout, dans les parcs, dans les rues, atteint une taille impressionnante et, pour cette raison même, n'a pour ainsi dire aucune valeur marchande.

Le lendemain de mon anniversaire, je trouve sur le plancher, autour de mon ficus, près d'une vingtaine de feuilles. Je ne m'en inquiète pas outre mesure, me contente de les ramasser, en profite pour contempler mon bel arbre et pense à l'amour que ma mère me voue.

Mais le lendemain matin, mon plancher est à nouveau jonché d'une vingtaine de feuilles: à ce rythme mon beau ficus sera bientôt fort dégarni. Ce phénomène me paraît suffisamment inquiétant pour que je téléphone au fleuriste qui s'empresse de me rassurer: la chose n'a rien d'anormal. Mon anniversaire est en mars, qui est la saison froide, et malgré tous les soins qu'ils ont pu apporter à son transport, le ficus, qui est casanier de nature, traverse pour ainsi dire une crise d'adaptation. Dans quelques jours, il se sera replacé.

Avant de raccrocher, le fleuriste me recommande d'éviter de placer mon arbuste bien-aimé près d'un calorifère. J'en prends bonne note, le remercie.

Quelques jours se passent, et, malgré les assurances du fleuriste, mon ficus ne s'adapte pas, continue plutôt de perdre ses jolies feuilles au même rythme affolant. Inquiet, et réticent à consulter à nouveau le fleuriste, je m'en ouvre à un ami qui tout comme moi herborise, et m'avoue éprouver des difficultés similaires avec son arbuste: le ficus, m'apprend-il, a la réputation d'être un arbre fragile et il faut avoir vraiment le pouce vert pour le faire pousser avec bonheur. «Ah bon», dis-je, envahi par un début de fatalisme... «Et moi qui me croyais doué!»

Je me résous enfin à rappeler le fleuriste qui vérifie ma technique d'arrosage, dont ma mère m'a déjà instruit le jour de mon anniversaire: il faut, m'explique-t-il, l'arroser un petit peu à tous les deux jours. Je le remercie de ses sages conseils que je suivais déjà à la lettre, ce que je continue de faire.

Et pourtant mon ficus perd toujours ses feuilles au même rythme, et il me paraît maintenant évident que si je ne fais rien, dans quelques jours il sera mort.

Je téléphone à nouveau au fleuriste qui, à court de conseils, me dit simplement: «Soyez patient!»

Je ne disconviens pas que la patience puisse être salutaire dans bien des situations, mais dans le cas qui m'occupe, il me semble qu'au contraire elle peut être fatale à mon infortuné ficus. Je le contemple, attristé, et ne peux m'empêcher de penser au chagrin que ma mère éprouvera lorsqu'elle verra, à sa prochaine visite, que ce coûteux arbuste dont elle m'a fait cadeau est à l'article de la mort.

Je réfléchis. Il me semble que quelque chose cloche, que je ne peux accepter ce qui commence à ressembler à une fatalité.

Alors j'éprouve ce frisson qui m'est familier et qui a souvent accompagné chez moi la naissance d'une bonne idée – de roman ou d'autre chose. Je me dis: *et si le fleuriste, qui est pourtant réputé, m'avait mal informé, s'il ne s'y connaissait pas vraiment en ficus?*

Je pense en effet: dans la nature, où le ficus pousse librement et ne perd pas ses feuilles au même rythme que le mien, il ne pleut pas à tous les deux jours par petite quantité. Il pleut plutôt rarement, et d'assez fortes quantités chaque fois.

Je décide donc de «m'aligner sur la nature» et de suivre mon instinct, pour mieux dire mon raisonnement. J'arrose bien mon ficus, je le noie presque, à la vérité, comme s'il vivait en pleine nature et venait de subir une ondée. Puis je le mets au régime sec pendant une semaine.

Le lendemain matin, dès mon réveil, mon premier soin est de me précipiter vers mon ficus. À son pied, il ne m'est pas nécessaire de faire un décompte rigoureux pour constater qu'il y a presque autant de feuilles mortes que la veille. Je les ramasse avec une vive déception, me disant pourtant que mon raisonnement est juste: la médecine, même la meilleure au monde, met du temps pour agir. Je peux vérifier cet axiome le lendemain car il y a moitié moins de feuilles au sol. Le surlendemain, il n'y en a plus que cinq, puis les jours suivants plus aucune.

Mon ficus est sauvé!

Pour vérifier que mon succès n'est pas attribuable au seul hasard, je communique ma méthode à mon ami, qui l'applique avec un égal succès. Et je m'étonne et m'enchante alors des pouvoirs surprenants de la raison. Pas étonnant que Descartes en ait fait le fondement de toute sa philosophie! Le raisonnement est plus utile que la fausse expérience, ce qui est la force de la jeunesse, qui est inexpérimentée et peut pourtant raisonner avec justesse.

Le raisonnement permet de découvrir la vérité!

Édifié par cette expérience, ne devrais-je pas faire passer l' «épreuve du raisonnement» à tous les ficus qui, dans ma vie, perdent des feuilles?

Ne devrais-je pas, comme mon idole de jeunesse Descartes le fit il y a des siècles, faire table rase de toutes mes idées reçues que, par manque d'indépendance d'esprit, ou par simple paresse, j'ai acceptées dans ma vie sans en vérifier la validité, qui «supposément» sont des idées éprouvées, et qui pourtant ne sont pas ouvrières de bonheur comme devrait l'être toute vérité puisque le Maître des Maîtres a dit: «La vérité vous rendra libres!»

P.-S.: Une semaine après ma «découverte» – je n'avais fait que découvrir un principe qui existait bien avant moi – passant par hasard devant la vitrine d'un fleuriste, je remarquai un magnifique ficus. Je ne pus résister à la tentation d'y entrer et de questionner le fleuriste sur la méthode d'arrosage idoine. Il m'expliqua alors que c'était fort simple: «Noie ton ficus une fois par semaine ou seulement lorsque la terre est sèche!» Exactement la méthode que j'avais déduite malgré mon absence de connaissances horticoles. Je me dis alors qu'il faut se fier aux spécialistes, en autant qu'ils en soient de véritables.

P.-S.: Je pense aussi que parfois je suis comme mon ficus, que je ne m'accorde pas le bon arrosage, que je me néglige et que si je voulais m'épanouir pleinement, il faudrait que je sois, avec moi, un bon jardinier.

Et aussi avec ceux qui m'entourent et souffrent peut-être de ma négligence.

Ne suis-je pas en effet, si je veux être honnête avec moi, un ficus mal arrosé?

Ne laissai-je pas passer souvent de longues semaines sans faire de la méditation qui pourtant peut seule véritablement nourrir mon âme?

De longues semaines, oui, sans penser à l'essentiel, à ce qui devrait être le point focal de toute ma vie, l'évolution spirituelle, la Lumière, Dieu, en somme?

Oui, ne suis-je pas un ficus mal entretenu qui perd ses feuilles, au lieu de tendre ses branches resplendissantes vers le ciel?

Quelle force curieuse, quelle distraction fondamentale me pousse-t-elle constamment à oublier l'essentiel, ce qui peut me nourrir, me faire grandir, me faire progresser?

Je sais pourtant ce qui est bon pour moi, pour mon âme, pour son progrès...

Et pourtant, je suis trop souvent un mauvais jardinier, un jardinier négligent...

Édifié par mon expérience avec mon ficus, il faut que dès aujourd'hui je prenne de bonnes résolutions – spirituelles: il n'y en a pas d'autres – et que je les tienne...

La leçon d'un octogénaire

À quatre-vingt-trois ans, encore vert, Henri Tranquille jouait hebdomadairement aux quilles. Sa moyenne fort honorable – surtout pour un octogénaire – se situait à 185. Ce qui, soit dit en passant, est largement supérieur à la moyenne de la plupart des amateurs.

Un jour, voulant améliorer son jeu, il pensa que son élan comportait – depuis toujours – un défaut. Il avait depuis longtemps adopté le système que tous les bons joueurs adoptent, et qui consiste à viser une planche particulière de l'allée et non pas une quille, comme le fait sans succès le débutant.

Il eut alors une intuition: celle que son mouvement arrière était fautif. Il savait depuis longtemps que l'élan du bon quilleur devait se rapprocher de celui, harmonieux et régulier, d'un balancier. Mais il lui semblait tout à coup que son élan arrière n'était pas suffisamment prononcé.

Il décida de l'amplifier, habité d'ailleurs d'une conviction très grande, quasi absolue: qu'il pourrait faire plus d'abats. Immédiatement, son intuition se confirma car il se mit à multiplier les abats, et, cette journée-là, fit même une partie presque parfaite de deux cent quatre-vingt-trois.

Oui, deux cent quatre-vingt-trois à quatre-vingt-trois ans!

Un score que nombre de ses rivaux plus jeunes n'ont jamais atteint.

En fait, en quelques semaines, sa moyenne, déjà honorable, de cent quatre-vingt-cinq passait à deux cent dix. Ce qui est proprement phénoménal, car de même qu'il est plus difficile au golf d'abaisser son handicap de trois coups lorsqu'on joue quatre-vingts que de dix coups lorsqu'on joue cent vingt, gagner vingt-cinq quilles de moyenne lorsqu'on joue déjà cent quatre-vingts relève de l'exploit. Surtout à un âge aussi vénérable.

Ce qui m'étonne le plus dans cet exploit, c'est que, premièrement, il relève du simple raisonnement, d'une intuition, et puis il a été accompli dans un jeu qui, sans être exclusivement physique, sollicite pourtant le corps, son équilibre, sa coordination.

Oui, je trouve un enseignement admirable aux performances de cet ancien libraire. Et je me dis que s'il a pu s'améliorer si substantiellement à quatre-vingt-trois ans, et du reste sans professeur – tous les espoirs sont permis pour les plus jeunes que lui, donc pour la majorité. Et aussi pour les gens de son âge.

Lorsque Socrate a dit que l'homme était perfectible, je ne sais pas s'il pensait aux gens du troisième âge, mais cette vérité vaut également pour eux.

Je vois d'ailleurs là une grande leçon d'optimisme: moi aussi, il y a peut-être quelque chose de fautif «dans mon élan», peu importe le domaine!

À moi d'y remédier, de me fier à mon intuition et d'agir!

Si un vénérable libraire de 83 ans a pu le faire, je puis moi aussi le faire!

La petite brosse de deux dollars

Mon poêle barbecue comporte comme bien des modèles deux brûleurs. Depuis un an, le brûleur gauche ne fonctionnait pas. Lorsque je l'ouvrais, la flamme, au lieu de sortir sous la grille, jaillissait vers le panneau de contrôle et menaçait de le calciner.

Je ne m'en formalisais pas et me contentais d'utiliser l'autre brûleur. Mais un jour du mois d'avril, alors que je me proposais de m'en servir pour la première fois pour «inaugurer la belle saison» – j'attendais quelques amis – le second brûleur se mit à faire des siennes et à imiter son jumeau. Je dus en venir à cette triste conclusion: mon barbecue était fini. J'ai beau être ennemi des dépenses inutiles, il me fallait le remplacer, et rapidement, car mes amis seraient là dans quelques heures à peine.

Je roule donc mon vieux poêle jusqu'au chemin – car c'est la journée des poubelles – et je me rends chez Réno Dépôt.

J'y trouve un choix si vaste que j'en suis étourdi, dérouté.

Je suis partisan de faire confiance aux spécialistes, aussi, dès que je peux, je demande conseil à un sympathique jeune vendeur qui me propose d'éclairer ma lanterne.

Sur ses conseils judicieux, j'arrête mon choix en quelques minutes. Puis je le suis vers la caisse où il rédigera ma facture. Au moment de me soulager des quatre cents dollars qu'il m'en coûtera pour remplacer mon vieux barbecue, le vendeur me demande: «Avez-vous besoin d'une housse?

– Non, celle de mon vieux poêle fera l'affaire.

– Vous avez déjà un barbecue?

– Oui.»

Il me posa alors une question qu'il ne m'aurait peut-être pas posée s'il avait été propriétaire du magasin, mais que je trouvai fort sympathique et qui lui valut la fidélité d'un client, ce qui vaut peut-être plus qu'une vente.

«Dites-moi, pourquoi au juste voulez-vous acheter un nouveau barbecue si vous en avez déjà un?»

Question singulière dont la candeur m'étonna. Mais quelque ange devait veiller sur moi – et sur mon budget. Il y a une sœur économe dans chaque communauté religieuse: peut-être y a-t-il un ange économe au ciel!

Je lui explique en deux mots le problème de mes brûleurs.

Il me pose alors une question qui m'intrigue au plus haut point:

«Avez-vous des araignées chez vous?

– Si j'ai des araignées... je... enfin oui, j'ai des araignées. En fait j'ai des hordes d'araignées parce que...

– Vous avez une haie de cèdres», dit-il en complétant ma phrase comme un véritable magicien qui aurait lu dans mes pensées.

En effet, une immense haie de cèdres entoure ma maison et c'est une des raisons pour lesquelles je m'en suis porté acquéreur.

«Les araignées ont probablement tissé des toiles dans le conduit de vos brûleurs, et c'est pour cette raison qu'ils fonctionnement mal.

– Oh, je vois...

– Nous vendons une petite brosse spécialement conçue pour ça et qui permet de nettoyer les conduits.

Il me guide jusqu'à un rayon et me remet cette petite brosse qui ne coûte que... deux dollars, et que j'examine avec un certain scepticisme.

«Essayez-la, me dit-il, et si ça ne fonctionne pas, vous reviendrez acheter le nouveau barbecue.»

J'achète la brosse, et, en rentrant, j'aperçois, de loin, les éboueurs qui s'apprêtent à faire main basse sur mon barbecue. J'accélère, fais un stop à l'américaine, arrive enfin, me précipite hors de ma voiture, juste à temps pour expliquer aux éboueurs que c'est par erreur que mon poêle a été mis aux ordures. Ils haussent les épaules, s'éloignent.

Impatient, je fais immédiatement l'essai de la brosse de deux dollars et me rends compte qu'il n'y a pas de toiles d'araignée dans mon barbecue: mais il en sort une quantité prodigieuse de poussière de rouille. Nous sommes au printemps, et le barbecue a passé l'hiver dans mon sous-sol qui est fort humide. D'où cette rouille galopante.

Le nettoyage accompli, je m'empresse d'allumer. À mon étonnement ravi, ça marche! Mon barbecue est réparé, il fonctionne comme s'il était neuf!

Par ignorance, j'ai failli jeter un poêle qui fonctionnait encore. Le jeune vendeur, lui, savait. Il m'a communiqué sa sagesse, si je puis dire.

Combien de fois dans le passé n'ai-je pas «jeté à la poubelle» des êtres, parce que j'étais convaincu, par ignorance, que la relation, amoureuse ou professionnelle, était terminée, parce que je ne possédais pas cette petite brosse à deux dollars?

Mais cette petite brosse qui serait si utile dans certaines relations que l'on croit condamnées, où la trouver?

Et d'ailleurs, au premier chef, existe-t-elle?

Cette nuit-là, j'ai fait un rêve. Dans le rêve je cherche désespérément un objet. À un moment, je vois une boîte, que j'ouvre, et qui est vide. Pourtant un mot est gravé au fond, en belles lettres dorées: le mot AMOUR.

Lorsque je me réveille, je réalise que j'ai trouvé la réponse à la question de la veille: cette petite brosse qui ne vaudrait que deux dollars et qui pourtant n'a pas de prix, c'est l'Amour.

L'Amour inconditionnel, l'Amour véritable, l'Amour évangélique, qui fait que je dois tendre constamment à devenir un serviteur des autres, dans la modestie et la compassion.

L'Amour véritable qui fait que je dois tendre constamment à m'élever, à être heureux et à rendre les autres heureux.

L'Amour véritable qui me pousse à constamment régler mes actions selon la célèbre Règle d'or: «Ne fais pas aux autres ce que tu ne voudrais pas qu'on te fasse.»

«Aime ton prochain comme toi-même.»

Voir que les autres, que je crois défectueux, que je crois bons pour la poubelle, sont à deux pas de la perfection, sont à deux pas d'être Dieu : il me suffit d'utiliser avec eux ma petite brosse à deux dollars, il me suffit de les aimer.

Rôle de la maladie

Chaque fois que, malgré toutes mes précautions, je suis tombé malade, je me suis rendu compte que j'en tirais un certain bénéfice.

Être malade, c'est désagréable sans doute, ce peut même être terrible, si le mal dont on souffre est grave.

Mais l'inactivité forcée a son utilité: elle nous oblige à plonger en nous-même, à faire un bilan de sa vie.

Et de la manière dont on la mène.

De quel déséquilibre ma maladie veut-elle me donner le signe?

De quel excès veut-elle me suggérer l'indice?

Et puis la maladie, même désagréable, m'a toujours semblé une sorte de purification.

Une purification cependant que j'aurais probablement pu éviter si j'avais mieux lu les signes avant-coureurs de la maladie, si je m'étais ménagé, si j'avais pris plus souvent des vacances...

Il y a des gens qui peuvent travailler à ma place – quoique dans le cas d'un romancier ce n'est pas évident – mais personne ne peut prendre des vacances à ma place.

C'est à moi de le faire...

Et régulièrement si possible...

Idéalement, ma vie devrait être si harmonieuse, si heureuse, si libre que je devrais toujours avoir l'air d'être en vacances ou de revenir de voyage...

La véritable solidarité

Sur son lit de mort, le roi des Scythes réunit ses fils, et leur tendant un faisceau de nombreuses branches, leur demanda de le rompre. Malgré leur jeunesse, malgré leur vigueur, malgré leur acharnement, nul de ses fils n'y parvint. Le vieux père défit alors le faisceau, et en brisa une à une les branches avec une facilité déconcertante.

Il dit alors à ses fils intrigués: «Tant que vous serez unis, nul ne pourra vous vaincre. Mais le jour où vous ne serez plus solidaires sera le commencement de votre chute.»

Ce conseil vaut, je crois, pour toute entreprise. Mais il vaut aussi et encore plus pour chaque être.

Car c'est connu l'homme est légion.

Nous avons en nous une multitude de personnalités.

Et la plupart du temps elles sont contradictoires.

Une partie de nous sait qu'il est mauvais de fumer, qu'un jour nous en contracterons peut-être le cancer (de la bouche, du pharynx, des poumons), et pourtant une autre partie de nous-même ne peut résister à la tentation d'allumer une nouvelle cigarette, même si fumer ne nous apporte pas vraiment de satisfaction...

De même nous souhaitons être mince, par coquetterie, ou par un souci tout légitime de conserver notre santé, et pourtant nous faisons des excès qui compromettent notre idéal... et notre tour de taille!

De manière plus subtile, nous désirons ouvertement le succès, mais lorsqu'une occasion en or se présente enfin, nous faisons tout en notre pouvoir pour la saboter, comme si nous ne nous croyions pas digne de réussir, comme si le succès n'était que pour les autres...

Il faut donc tenter d'être solidaire... avec soi-même!

D'éliminer la partie obscure de nous, la haine, la peur, l'ennui, et faire triompher la lumière qui nous habite, l'amour, la joie dont nous sommes faits: la Vie en somme.

Avoir un idéal, et le garder en tête, malgré les contrariétés, malgré les déceptions, malgré les retards...

Avoir un but et le poursuivre avec volonté, avec patience, avec foi et discipline.

Comme il a été dit des centaines de fois avant moi – ce qui n'enlève rien à la sagesse de cette vérité: «Qui sème une action récolte une habitude. Qui sème une habitude récolte un caractère. Qui sème un caractère récolte un destin.»

«Caractère égale destinée», a dit Héraclite.

Et me rappeler que le bonheur lui aussi est une habitude.

Parce qu'il est un état d'esprit.

Pour être heureux, je dois être solidaire avec moi-même.

La tasse de café

Pendant des années, chaque matin, une fois dégustée mon unique tasse de café, j'en versais ce qui en restait dans l'évier, que j'éclaboussais, et devais par conséquent nettoyer. Jamais ne m'est venu à l'esprit de questionner ma méthode, véritable rituel matinal.

Puis un jour où je devais être animé d'une lucidité particulière, je me suis rendu compte qu'au lieu d'agir ainsi, il était aussi simple de verser délicatement – et directement – le reste de café dans la bouche de l'évier.

Ne devrais-je pas appliquer ce principe dans tout ce que je fais, travailler intelligemment, en tout cas plus intelligemment, «vider ma tasse du premier coup au bon endroit»?

Au sujet de l'ego

La plupart des traditions spirituelles attribuent à l'ego tous nos maux. Qu'est-ce que l'ego au juste? C'est le mot latin qui signifie «moi», comme chacun sait.

Le moi, dit-on, serait détestable.

Mais il s'agit bien entendu du «moi» qui a tous les défauts.

Car il doit pourtant y avoir une partie du moi qui est louable, qui est utile. Le moi par exemple qui est persévérant, qui est humble, qui est énergique, qui est calme, qui est optimiste, qui est aimant, qui, en somme, possède toutes les vertus non seulement nécessaires au succès mais essentielles au bonheur.

En fait, et si je comprends bien, lorsqu'on dit de quelqu'un qu'il a un gros ego, on entend par là qu'il est empli de lui-même, orgueilleux, susceptible, insupportable en somme. C'est donc une injure.

En ce sens, il est évident que l'ego est responsable de plusieurs de nos maux – et de plusieurs maux de ceux qui, autour de nous, en subissent la tyrannie! Oui, il est évident qu'il faut s'en méfier, mieux encore s'en débarrasser.

Si du moins la chose est possible...

Elle est d'ailleurs peut-être plus facile que l'on pense.

Je dis souvent que pour écrire, et surtout pour faire en permanence le métier de romancier, j'entends par là en vivre, mieux vaut avoir un ego immense ou pas d'ego du tout. (Je crois d'ailleurs que cette prescription est valable pour tous les métiers artistiques, pour toutes les entreprises un peu périlleuses, et qui sortent de l'ordinaire).

Pourquoi?

Parce qu'entre les deux, avec disons un ego moyen, on serait rapidement détruit.

Il y a trop de vexations, trop d'épreuves, trop de frustrations dans ce métier comme dans bien des métiers artistiques. Je ne dis pas que les autres métiers ne comportent pas leurs misères. Mais un médecin ne se bat pas pendant vingt ans pour être reconnu comme médecin. Ni un instituteur. Ni un ébéniste. Comme bon médecin, comme grand médecin, peut-être, il doit se battre mais comme médecin tout simplement, il l'est dès sa sortie de l'université, et il ne viendrait à personne l'idée de contester son statut.

Le romancier, lui, se bat parfois pendant dix ans, pendant vingt ans, pour être reconnu, et meurt souvent sans jamais l'avoir été, comme cela arriva entre autres à Stendhal qui, de son vivant, ne vendit que trois cents exemplaires de *Le Rouge et le Noir*, un des plus grands chefs-d'œuvre de la littérature française.

Comprenant cela, ou en tout cas l'entrevoyant intuitivement, je me suis fort jeune rangé du côté de ceux qui n'ont pas d'ego.

Ou plutôt – ne péchons pas par orgueil! – du côté de ceux qui n'ont pas un ego très encombrant.

En somme je voyage léger.

Lorsque je fais lire mes manuscrits à peine sortis de mes fourneaux à mes premiers lecteurs, et que je reçois leurs critiques – j'entends leurs critiques négatives, bien entendu – je ne suis jamais abattu très longtemps. J'essaie d'accueillir leurs commentaires comme une simple... information!

Oui, une simple information, et je m'efforce de n'y attacher aucune émotion. Même si la critique est plutôt virulente. Bien sûr, je ne suis pas masochiste, je préfère des commentaires élogieux, si bien entendu je les sens sincères.

Mais si ce n'est pas le cas, si les commentaires sont sévères, je me dis tout simplement: «*Voilà ce que cette personne, qui est honnête et de bonne foi selon toute apparence, pense de mon livre. Voyons ce que nous pouvons tirer de ce commentaire.*»

J'essaie d'agir comme si j'étais un ordinateur qu'on alimente. Il est bien évident que les louanges me nourrissent aussi, que je m'en délecte, mais si c'est autre chose que je retrouve dans mon assiette, j'essaie quand même d'en tirer profit, d'utiliser chaque miette d'information pour parfaire le livre.

Je ne me dis pas: «*Tu es un mauvais romancier, tu n'es pas parvenu à une œuvre achevée du premier coup.*» Je me dis plutôt: «*Voilà qui est intéressant. Voilà qui peut m'aider. Dix têtes valent mieux qu'une.*» Et, corrigeant les faiblesses, les invraisemblances qu'on a pu me signaler, je me dis: «*Voilà autant de défauts dont mon roman sera expurgé. Je n'en paraîtrai que plus intelligent, plus habile aux yeux de l'éditeur puis des lecteurs qui, eux, ne sauront pas les erreurs que j'ai pu commettre.*»

En un mot comme en mille, je place toujours le bien du roman au-dessus du mien.

Ce qui n'est pas, «ultimement», du dévouement littéraire, si je puis dire, mais du simple bon sens. Si le livre ressort grandi de ce qui aurait pu être une épreuve pour mon ego, il sera mieux accueilli, il plaira davantage, et... mon ego en ressortira glorifié!

Résolution: me faire si petit, si humble, si subtil, que les épreuves de la vie ne puissent m'atteindre, parce qu'elles n'auront pas de prise sur moi.

« *Tais-toi!* »

Il est bien, il est admirable de s'exprimer, surtout si on est romancier ou... conférencier!

Mais il est bon aussi de savoir se taire.

Résolution, donc: chaque jour ou au moins chaque semaine, passer des moments en silence.

Car c'est pendant que je me tais que je peux écouter ma voix intérieure, qui fuit le bruit et le tumulte de la vie ordinaire.

C'est pendant que je me tais que je peux me ressourcer intérieurement, et donner à la parole qui jaillira plus tard toute sa puissance.

C'est pendant que je me tais que surgit la solution de ce problème qui résistait à tous les bavardages de mon analyse.

Le rappel à soi

Pascal a écrit dans ses sublimes *Pensées:* «J'avais une pensée. Je l'ai oubliée. Je note que je l'ai oubliée.»

Je le cite de mémoire – par pure paresse.

Ma compagne, hier après-midi, vint aimablement me porter une collation, alors que j'étais à ma table de travail.

Sur mon écran, elle lut les mots suivants: «Le rappel à soi. Garder pour moi chaque jour un moment où je suis heureux.»

«C'est joli», me dit-elle, pensive, comme si elle trouvait cette consigne intéressante.

Surpris par le compliment, je lui explique: «Ce ne sont que de brèves notes qui me serviront à un chapitre à venir.

– Ah bon», dit-elle, surprise à son tour, et pas tout à fait convaincue de mon explication.

Lorsque je me retrouve seul, devant mon écran – et ma collation que je grignote distraitement – je songe à cette pensée de Pascal que je viens de citer, et je me dis que je pourrais faire de ces notes un chapitre entier, un chapitre qui serait bref, j'en conviens, mais s'il a plu à ma femme, a semblé la frapper, l'a portée à réfléchir, qui sait? il aura peut-être le même effet sur le lecteur. Qui a dit que la concision était un défaut, d'ailleurs? Donc voici ce chapitre dans son intégralité: «Le rappel à soi. Garder pour moi chaque jour un moment où je suis heureux.»

Pourtant, peut-être ravigoté par mon petit goûter, je ne puis me résoudre à abandonner ainsi ce chapitre sans quelques explications, celles même que je comptais fournir au lecteur à partir de ces notes par trop fragmentaires.

Ce que je me proposais de dire est à peu près ceci: il me semble qu'une journée où je n'ai pas été heureux – je ne dis pas à chaque heure, mais au moins quelques minutes, si possible même quelques heures – est une journée perdue.

Et les journées perdues hélas ne reviennent pas.

Elles sont perdues à jamais.

Je me rends compte en relisant ce bref chapitre que ce n'est pas tout à fait ce que je voulais dire. Je me reprends donc, confiant de réussir cette fois-ci à exprimer cette pensée un peu fugace.

Rappel à soi: ce que j'ai voulu dire par là, c'est que dans le tourbillon de ma vie – et de toute vie sans doute – il faut que je me garde tous les jours un moment qui n'est qu'à moi.

À moi et à moi seul.

Un moment superbement égoïste et pourtant salutaire, où je fais abstraction de toutes mes obligations.

Où je ne suis pas obligé d'être romancier.

Ou père.

Ou conjoint.

Où je me contente d'être.

J'essaie d'avoir tous les matins ce moment. Pendant quelques minutes, avant de me mettre à écrire, je fais ma promenade matinale. Je marche lentement, seulement une dizaine de minutes.

Et je respire.

Je regarde le ciel, les nuages lointains, et...

Je respire...

Je regarde les cailloux dans la rue, des fleurs dans une plate-bande, mes roses si c'en est la saison et je les hume, ou bien...

Je respire.

Je ne pense à rien.

Ni à la journée de la veille.

Ni à la journée qui m'attend, aussi remplie soit-elle.

Je suis.

Je tente chaque jour de me réserver un autre instant de liberté absolue, un moment de bonheur, un moment où je me retrouve, après m'être perdu de vue dans le tourbillon de la journée. Un peu après avoir fini d'écrire, vers seize heures, chaque fois que je peux, je fais un peu de yoga, ou de relaxation, ou une nouvelle promenade.

Et le soir, lorsque dort la maisonnée, je me retrouve avec le livre entamé la veille ou l'avant-veille, ou encore je ne fais rien, je goûte le silence de la nuit, les pensées qui me viennent...

Je reviens aux notes qui sont à l'origine de ce chapitre, et j'en offre une version revue: «Rappel à soi. Garder chaque jour un moment pour moi et pour moi seul, où je retrouve le précieux contact avec mon être véritable, où je pose mon uniforme de romancier, de père, de conjoint et où je suis. Simplement.»

Ces instants si brefs sont les gardiens de mon équilibre, il me semble.

Lorsque je ne me les accorde pas, à la longue je me dessèche et je m'aigris, car rien ne me nourrit autant que d'être tout simplement.

Et rien ne m'épuise autant que de ne pas être.

Secret de la richesse

Je me trouvais un soir à Monaco, dans la salle à manger du magnifique hôtel *Hermitage*, à deux pas du célèbre *Casino*, lorsque mon voisin de table, un ami très fortuné, me confia: «La plupart de mes amis riches m'ont avoué qu'ils ont vraiment commencé à faire de l'argent à partir du moment où ils se sont fixé un montant précis, et un délai pour l'atteindre.»

Je n'ai pas pu sur le coup estimer la valeur de sa confidence, qui tout de même me frappait.

Et en tout cas m'intriguait.

La clé de la richesse pouvait-elle être aussi simple?

Bill Gates, Warren Buffet, Donald Trump utilisaient-ils cette clé? Et si oui, est-ce vraiment elle qui leur a permis d'amasser leur immense fortune?

Et est-ce une clé suffisante?

Ou plutôt, le bon sens ne dicte-t-il pas que c'est une clé nécessaire mais non pas suffisante?

Sinon ce serait trop facile.

Il me suffirait de décider d'un montant, d'un délai pour pouvoir l'empocher, puis de m'asseoir et d'attendre que la manne tombe miraculeusement du ciel.

Clé non suffisante, mais peut-être nécessaire donc, et dont l'utilité est alors considérable, si j'en crois la confidence de cet ami plusieurs fois millionnaire.

Je ne prétends pas avoir percé à jour le secret de cette clé supposée de la richesse, mais il me semble que je peux comprendre une partie de sa puissance, de sa logique en tout cas.

Supposons par exemple que mon ambition se soit résumée à être publié exclusivement au Québec, et à ne tirer de mes droits d'auteur – comme c'est le cas de la plupart des romanciers – que trois mille dollars par année. Il est évident que je n'aurais pas fait tous les efforts que j'ai faits, que je n'aurais pas monopolisé toutes mes forces intérieures dans une direction bien précise, et forcément plus ambitieuse.

Donc cette notion d'objectif précis – ou de montant, c'est la même chose – et de délai a sûrement quelque chose de bon. Fonctionne-t-elle à la perfection et à tout coup et pour tout un chacun: je me permets d'en douter.

Mais elle oriente sûrement une action.

Elle canalise sûrement les forces d'un individu.

Comme elle permet de «forcer» les événements, de provoquer la chance, de créer ce qui paraît aux autres des miracles.

Elle est aussi une excellente mesure de l'image que l'on a de soi, consciente ou pas.

Celui qui manque d'ambition, d'énergie, de confiance en ses moyens et en la vie, aura en effet une extrême difficulté à se fixer comme objectif des revenus qui par exemple représenteront le double de ses revenus actuels. Un tel exercice paraîtra futile à cet individu, lui semblera même relever de la science-fiction. Et pourtant quelle loi – sauf une loi intérieure et c'est sans doute la plus sévère parce qu'elle demeure la plupart du temps inconsciente – l'empêche de doubler, de tripler ses revenus, et ce, année après année? Après tout, c'est bien ce qu'ont dû faire tous les hommes riches, j'entends ceux partis de rien, bien entendu.

Oui, sans contredit, ce montant précis et ce délai ont une utilité.

Du moins pour l'homme ambitieux dont les rêves dépassent ceux du commun.

Cette clé en tout cas est la mesure – qui a le mérite d'être précise – de notre ambition.

Elle ne saurait donc être dommageable, en autant sans doute qu'elle ne devienne pas une obsession et qu'elle ne soit pas complètement déraisonnable.

Ainsi, à la fin d'une conférence au cours de laquelle j'avais abordé cette question, une dame vint me trouver, et surexcitée par mes propos, que j'avais pourtant cru pondérés, me confia de but en blanc que son ambition était de diriger un empire.

Pas une grosse boîte: un empire!

La première année, elle gagnerait un million, la deuxième, cinq et ainsi de suite jusqu'au milliard sans lequel elle ne s'estimerait jamais vraiment riche. Elle me parut d'une exaltation un peu naïve, et pourtant, conservant mon sérieux, je lui demandai placidement dans quel domaine elle œuvrait et comptait par conséquent faire fortune.

Elle m'avoua être au chômage depuis trois ans, même si elle possédait un M.B.A. Sans vraiment la connaître, je lui conseillai alors bien prosaïquement, mais non sans un certain bon sens, il me semble, de continuer à rêver, mais de commencer par... se trouver un emploi!

Comme disait un de mes amis: «Pour certaines personnes, la pensée positive est une maladie de l'esprit. En train de se noyer, ils sourient quand même, et avalent la gorgée d'eau fatale!»

Mais revenons à cet ami qui me confia, à l'*Hermitage*, ce qu'il considérait le secret de la richesse.... Cette confidence, surtout dans un décor aussi enchanteur que ce palace monégasque, me frappa tellement que j'ai pensé en faire une des clés du *Millionnaire*. Est-ce une des raisons pour lesquelles il s'est vendu près de deux millions d'exemplaires et a été traduit en plus de vingt langues?

Quoi qu'il en soit, je la crois utile à réaliser ses rêves, et comme une certaine aisance financière est utile au bonheur, il faut, je crois, la regarder de près.

Il faut cultiver son jardin

À la fin de *Candide* ou l'*Optimisme*, Voltaire fait dire à son sympathique héros : «Il faut cultiver son jardin!»

C'est indéniable, et pourtant ce n'est pas suffisant...

J'en veux pour preuve la petite anecdote suivante.

J'aime cultiver les tomates.

Dès que j'ai fait l'acquisition de ma première maison, je me suis fait un petit jardin qui, avec les années, s'est agrandi.

Au printemps, en jardinier consciencieux, j'engraissais ma terre, je la sarclais, puis je sélectionnais les meilleurs plants que, le temps venu, je plantais avec amour. Je les arrosais selon les règles de l'art – ni trop ni trop peu – je les binais mensuellement, j'arrachais les mauvaises herbes, je mettais de l'engrais, je supportais les branches devenues trop lourdes avec des tuteurs, je supprimais systématiquement les gourmands, qui retardent la croissance des fruits parce qu'ils drainent trop de sève, d'où leur nom.

Malgré tous mes soins, je n'obtenais jamais de résultats extraordinaires. J'avais de belles tomates, il est vrai, mais il me semblait toujours qu'elles auraient pu être plus grosses, et surtout plus abondantes. Je lisais dans mes manuels d'horticulture que chaque plant peut donner une cinquantaine de tomates, alors que les miens en produisaient à peine trente. J'en concevais une certaine déception.

L'année dernière, j'ai déménagé, et je me suis refait un nouveau jardin. La naissance de Julia, ma fille, un roman fort absorbant en cours, ont fait que j'ai négligé de manière épouvantable mon potager. En fait, à la fin de l'été, il avait l'air d'une véritable jungle. Et pourtant, jamais je n'avais eu une aussi belle récolte, jamais mes tomates n'avaient été aussi abondantes, aussi rouges, aussi juteuses et aussi grosses.

Il ne m'a pas fallu beaucoup de temps pour comprendre cet apparent paradoxe. Je savais, pour l'avoir lu, que les jardins n'aiment pas la concurrence des autres végétaux: or, tout un côté de mon premier jardin était bordé d'une immense haie de cèdres. Cette haie ne faisait pas, par ses racines envahissantes, que «manger dans la même assiette» que mes tomates, mais elle jetait sur mon jardin une ombre telle qu'il ne bénéficiait que de cinq ou six heures d'ensoleillement par jour. Ce qui est comme chacun sait le minimum vital pour un potager, si en tout cas il est planté de tomates.

Or, mon nouveau jardin, négligé comme il n'est pas possible, je l'ai mis au beau milieu de mon terrain, en plein soleil, à une distance appréciable de tout arbre, de toute haie.

Je savais que les heures d'ensoleillement ont leur importance, je savais que la concurrence d'une haie nuit à un jardin, mais je ne savais pas à quel point. Je venais de le découvrir, pour ainsi dire par hasard après m'être battu inutilement pendant huit ans avec mon premier jardin.

Tous mes efforts, même louables, même méritoires, n'avaient rien pu changer à ces facteurs incontournables: la bataille était perdue d'avance parce que je me battais contre des lois immuables, je me battais contre le soleil, je me battais contre une immense haie de cèdres.

J'en tirai une leçon: non pas que la paresse soit préférable au travail assidu, mais plutôt... qu'il faut planter ses tomates là où le soleil brille le plus!

Je pensai: combien de fois dans le passé n'ai-je pas fait la même erreur qu'avec mon premier jardin?

M'acharnant dans des relations qui n'avaient pas d'avenir, et qui ne me rapportaient qu'une maigre récolte alors que ma moisson aurait pu être plus abondante si j'avais été avec la bonne personne?

Je sais: nous apprenons de chaque relation, mais il reste que certaines relations sont plus harmonieuses, plus naturelles, plus fécondes que d'autres. Oui, plus fécondes, comme mon nouveau jardin, que j'ai négligé la première année, mais dont je m'occuperai cette année, et dont la récolte sera encore plus extraordinaire, parce que j'aurai avec moi le soleil, ce qui n'est pas un allié négligeable.

Je pensai: *Ne dois-je pas tenir le même raisonnement avec mes livres, sans tomber dans un mercantilisme outrancier? M'appliquer à me perfectionner dans le genre que le public affectionne, et dans lequel je parais exceller plutôt que de m'acharner dans un genre que le public boude?*

Dans tous les domaines de ma vie, je dois donc, je crois, me trouver là où le soleil brille le plus souvent.

Il faut cultiver son jardin, certes, mais l'installer d'abord au bon endroit.

Les rosiers que j'ai failli jeter à la poubelle

J'ai vécu une expérience similaire avec des rosiers.

Un printemps, dans mon enthousiasme, j'avais acheté trop de plants d'hybrides de thé, et il ne me restait plus, sur mon terrain, qu'un petit coin de terre suffisamment ensoleillé pour envisager les y planter.

J'hésitais pourtant, car le sol me paraissait trop pauvre en cet endroit. Trop pauvre et trop sablonneux pour que mes rosiers y prospèrent.

Mais je me dis: «*Au lieu de les jeter, ce qui serait criminel, mieux vaut les planter là... Ils ne survivront probablement pas au premier hiver, mais au moins je pourrai en jouir pendant un été...*»

Je les plantai sans grande conviction, un peu pour m'en débarrasser.

Or, à ma grande surprise, ce furent les rosiers qui donnèrent les plus belles roses!

Non seulement cet été-là, d'ailleurs, mais été après été car ils survécurent aisément à leur premier hiver, même fort rude.

D'abord intrigué par ce phénomène inexplicable, je ne tardai pas à en découvrir la raison. À une terre un peu glaiseuse, comme celle que j'avais sur le reste de mon terrain, le rosier préfère mille fois une terre sablonneuse, qui se draine bien, ce qui lui évite toutes sortes de maladies, comme la terrible rouille...

Je pense qu'il y a dans chaque carrière semblables clins d'œil de la chance, car le succès ne nous arrive pas toujours de la manière dont on l'attendait. Oui, il y a, je crois, dans chaque carrière et même, souvent à l'origine des carrières les plus brillantes, ces sortes de hasard, de coups de chance, d'accidents heureux, comme il m'arriva d'ailleurs avec *Le Millionnaire*.

En conséquence, il faut garder toujours l'esprit ouvert, ne pas craindre de multiplier les tentatives, et parfois y penser par deux fois avant de... jeter des rosiers à la poubelle!

Ma grand-mère jetait des sorts à mon père

Jeune, mon père tombait presque invariablement malade au mois de septembre, qui est d'ailleurs le mois de sa naissance. Il tomba un jour sur *Le Chemin du bonheur*, du docteur Émile Pauchet, et y découvrit les mystères et surtout la puissance redoutable du subconscient. Ce livre l'initia à l'autosuggestion, qu'avait mis au goût du jour Émile Coué, un petit pharmacien de Nancy qui avait observé, non sans un étonnement amusé, qu'il pouvait guérir certains patients simplement en leur prescrivant des pilules composées de sucre! Ce que, comme chacun sait, on appelle l'effet placebo.

Ces lectures illuminèrent mon père et, surtout, le guérirent du jour au lendemain des grippes qui le terrassaient chaque automne. Il comprit en effet que sa mère, malgré la bonté de sa nature, lui jetait littéralement des sorts, comme une véritable sorcière. Elle disait en effet: «Mon pauvre Albert tombe malade chaque automne!»

Et, docile, mon père – ou plutôt son subconscient – acceptait cette suggestion et tombait malade.

De simples mots, donc, des mots que bien des gens trouvent insignifiants, sans importance, peuvent rendre malade.

Si vous lisez *Psychopathologie de la vie quotidienne* de Freud – et je vous suggère vivement de le faire – vous verrez que le père de la psychanalyse explique avec des exemples saisissants que, non seulement les mots peuvent rendre malade, conduire à des névroses graves, mais qu'ils peuvent aussi provoquer des accidents, parfois mortels.

Je crois que, consciemment ou pas, nous nous jetons tous des sorts. Ou nous acceptons sans nous en rendre compte les sorts que nos parents, nos éducateurs, ou nos amis nous ont jetés.

L'homme qui veut être heureux, qui veut obtenir le succès qu'il mérite, doit réviser systématiquement ses pensées les plus secrètes, ses convictions les plus profondes et les transformer pour être en accord avec son idéal, aussi élevé soit-il.

Comment?

Je crois que la manière la plus simple, la plus rapide et la plus efficace est l'autosuggestion.

Mon père se guérit de ses grippes automnales et, malgré la pauvreté extrême de sa famille, connut un succès assez spectaculaire, grâce à son travail acharné sans doute, mais aussi grâce à l'attitude positive qu'il cultiva toute sa vie, et qu'il avait fait naître en lui en répétant la fameuse formule d'Émile Coué:

«DE JOUR EN JOUR, À TOUT POINT DE VUE,
JE VAIS DE MIEUX EN MIEUX.»

Vous m'objecterez peut-être que cette formule est vieille. Vieille comme on dit d'une voiture qu'elle est vieille, et donc qu'elle ne fonctionne plus. Mais je crois plutôt qu'elle est vieille comme est vieille la vérité qui veut que la Terre tourne autour du Soleil: ce qui ne l'empêche pas de poursuivre son périple!

Depuis des années, je la répète, surtout dans les périodes plus difficiles. Je répète aussi une variante personnelle que j'ai mise au point et qui s'énonce comme suit:

«DE JOUR EN JOUR, À TOUT POINT DE VUE,
JE SUIS DE PLUS EN PLUS PUISSANT,
CONFIANT, HEUREUX ET EN SANTÉ.»

Coué recommandait de répéter sa formule matin et soir, à voix haute, au moins une vingtaine de fois.

Je l'ai répétée à voix basse et à voix haute, et j'ai observé qu'il est plus efficace de le faire à voix haute. D'ailleurs, au lieu de vingt fois, je la redis tantôt cinquante fois, parfois plus.

Il est difficile de décrire à celui qui n'a jamais pratiqué l'autosuggestion ses merveilleux pouvoirs.

Pour ma part, je sens rapidement, dès les premiers jours, un surcroît d'énergie, de joie, de créativité et d'harmonie.

Je me réveille et je suis de bonne humeur...

Je mets les bouchées doubles et je suis de bonne humeur...

Je règle mille et un problèmes dans la journée et je suis de bonne humeur...

Je rencontre des gens et je suis de bonne humeur...

Je suis seul et je suis de bonne humeur, à tel point que je ne me rends même pas compte que je suis seul...

Je me couche et je suis de bonne humeur.

Oui, je suis de bonne humeur sans savoir pourquoi, ce qui, vous en conviendrez, est un sort plus enviable que celui, trop courant hélas, qui consiste à être de mauvaise humeur sans en connaître la raison.

Je ne dis pas que seule l'autosuggestion soit responsable de cette bonne humeur, mais ayant traversé des périodes où je ne la pratiquais pas ou très peu, et des périodes où je m'y livrais assidûment, je sais son influence, qui est immense: elle est un des plus puissants adjuvants à la joie. Lorsque vous la pratiquez, lorsque vous vous baignez quotidiennement dans la magie des mots de votre formule, votre vie est transformée.

Les hasards heureux, les coïncidences commencent d'ailleurs à se multiplier. Supposons que je cherchais une information, un ami m'appelle par hasard à qui je ne parle pour ainsi dire jamais, et me donne précisément le renseignement dont j'avais besoin.

Je retrouve l'objet que j'avais perdu et qui avait résisté à toutes mes recherches.

Je lis par hasard un article qui décrit les effets déplorables du sel, et je me rends compte que je devrais l'éliminer de ma diète.

Un contrat dont la signature traînait depuis longtemps se règle tout à coup, comme sous une influence mystérieuse.

Certaines personnes, je le sais, se refusent à pratiquer l'autosuggestion, sans se rendre compte qu'ils la pratiquent tous les jours depuis le début de leur vie. Seulement, sans le savoir, ils font comme ma grand-mère faisait avec mon père: ils se jettent des sorts!

Résolution: passer en revue toutes les affirmations de ma vie, toutes les croyances qui forment ce que j'appelle ma pensée, me demander si elles conviennent à mon idéal, et si je ne pourrais pas les remplacer par des affirmations plus positives, plus susceptibles de nourrir mon bonheur.

«DE JOUR EN JOUR, À TOUT POINT DE VUE,
JE VAIS DE MIEUX EN MIEUX.»

Prendre trois millions de bonnes décisions

Jeune, j'étais fasciné par le célèbre comte Saint-Germain. Voltaire a dit de lui – sans que l'on ait jamais su si c'était ironie ou admiration de sa part: «C'est un homme qui sait tout et ne meurt jamais.»

Le comte avait en effet la réputation d'accomplir des prodiges et de traverser les ans sans jamais en porter la trace.

Dans les milieux ésotériques, il est réputé avoir atteint la maîtrise, et même le statut fort rare d'adepte, ce qui apparemment lui conféra des pouvoirs étonnants et en fit un véritable démiurge. Dans un texte qu'on lui prête, il dit: «J'ai atteint le but (la réalisation spirituelle) après avoir pris trois millions de bonnes décisions.»

Trois millions...

C'est un chiffre...

Mais non seulement trois millions de décisions, mais trois millions de bonnes décisions...

Ce qui montre, s'il en était besoin, que la réalisation spirituelle n'est pas chose aisée et prend forcément du temps, ne se fait pas du jour au lendemain, mais est une lente maturation de notre être...

Trois millions de bonnes décisions...

Mon présent est la conséquence des décisions que j'ai prises dans le passé, mon avenir, des décisions que je prends aujourd'hui.

Je ne dois donc pas prendre mes décisions à la légère...

Il ne s'agit pas que je devienne obsessif, et il est bon aussi, je crois, de s'en remettre parfois à son intuition surtout lorsque la raison est impuissante à m'indiquer le bon chemin à prendre...

Mais il reste que je dois faire preuve de discernement, dans les petites comme dans les grandes choses.

Parfois pourtant, je veux bien prendre la bonne décision, mais je ne sais pas ce que je dois faire...

J'ai beau peser le pour et le contre, la balance penche autant dans une direction que dans une autre...

En ces circonstances, tout simplement – du moins dans la mesure du possible – j'attends, je repousse le moment où je dois prendre la décision.

De crainte de prendre la mauvaise décision, ce qui est pire que de ne pas prendre de décision du tout.

Je demande à mes rêves, au temps, à mon maître intérieur, de me guider, de m'apporter la réponse que le jour, que ma raison, que mes amis ou mes conseillers sont incapables de me fournir. (Ou encore ils me fournissent des réponses mais ce n'est pas celles que j'attends, elles ne me satisfont pas, alors je continue à tergiverser).

Je patiente, me fixant quand même un délai, pour ne pas tomber dans les travers si fréquents de la procrastination.

Souvent, par hasard, au moment le plus inattendu, alors que je pense à autre chose ou que je ne pense pas du tout – ce qui est fort agréable lorsqu'on fait le métier de romancier, qui nous draine constamment mentalement – la réponse tant attendue (et que parfois je n'attendais plus) jaillit.

Mais parfois aussi je suis incapable de me fixer, le problème semble trop complexe, la solution trop fugace...

Que faire alors?

WWJD

Aux États-Unis, il y a un slogan de quatre lettres qui inspire des millions de gens qui le portent d'ailleurs souvent sur leur t-shirt ou leur pare-chocs : WWJD.

Qui veut dire : *What would Jesus do?* (Que ferait Jésus ?).

Oui, que ferait Jésus à ma place ?

Si Jésus ou Bouddha, ou tout autre maître spirituel auquel vous croyez, et en qui vous avez confiance, était confronté au même problème que vous, ou se retrouvait dans la même situation, que ferait-il ?

La réponse, qui se refusait, souvent jaillit immédiatement, nous semble tomber sous le sens.

Oui, mystérieusement, nous savons comment Jésus, comment Bouddha agirait dans telle situation.

Il agirait simplement en suivant la Règle d'or qui est celle de l'Amour.

Pour être original donc en ce monde si torturé, si rempli de haine et de violence, si malheureux, il me suffit de faire comme firent (et continuent de faire dans d'autres chambres de la vaste demeure de Dieu) les grands maîtres spirituels, d'avoir des pensées et des actions nobles : le bonheur est alors inévitable, qui me fuyait mystérieusement jusque-là.

La pauvreté de Rockefeller

On dit qu'à cinquante ans John D. Rockefeller avait un estomac si mal en point qu'il ne pouvait plus rien digérer et devait se contenter de... boire du lait!

Triste sort en vérité pour un homme aux moyens si considérables! Lourd prix à payer, pour une fortune dont il jouit de son vivant il est vrai mais dont bénéficièrent surtout ses héritiers, ses héritiers qui ne furent pas rongés par des ulcères d'estomac!

Eh oui, l'homme qui à son époque était considéré comme le plus riche du monde, qui aurait pu s'offrir quotidiennement du caviar, du filet mignon, des huîtres... Rockefeller, devait se contenter de la diète du nourrisson: du lait!

Le proverbe dit : «Que sert à l'homme de gagner l'univers, s'il perd son âme...» Dans le cas du célèbre milliardaire, on aurait pu dire: «Que sert à un homme d'être le plus riche du monde s'il en vient à perdre son... estomac!»

On m'objectera que Rockefeller avait des soucis considérables, créa d'innombrables emplois, jouissait d'un prestige énorme, mais le jeu en valait-il la chandelle? Je peux admirer l'intelligence de ce petit comptable parti de rien qui répétait à tout venant : «Apprenez à faire parler les chiffres, ils vous révéleront l'avenir!» Pourtant, il y a une chose que les chiffres ne lui avaient pas enseignée, c'était de préserver son équilibre. Lorsqu'il passait à table, Rockefeller était moins riche que le plus modeste de ses employés qui, lui, pouvait déguster un repas. Que cet exemple me serve de leçon...

Je peux laisser libre cours à mon ambition, je peux prendre les bouchées doubles, mais je dois savoir m'arrêter, je ne dois pas m'imposer un fardeau qui dépasse mes forces. Il faut que je connaisse mes limites. Je peux les repousser, il est vrai, et tenter de me surpasser, mais je dois le faire en accord avec mon tempérament, avec mes moyens. Sinon, je perds mon équilibre.

Or l'équilibre – physique, mental, émotif – est tout.

C'est mon capital, c'est mon trésor le plus précieux, la pierre angulaire sur laquelle est construite ma vie.

Si je le perds, la maladie, sournoise, surgit, et la morosité, et la dépression s'installent, et je perds ma joie de vivre, et je perds tout, en somme, car qu'est une vie rongée par les soucis, les chagrins, qui d'ailleurs prennent encore plus d'importance à mesure que mon équilibre diminue, puisqu'il est pour ainsi dire mon armure contre les contrariétés, les déceptions?

Il y a des choses importantes, certes, qui me tiennent à cœur, qui me passionnent, mais le plus important, le plus important que je perds parfois de vue, que j'oublie, dans la tourmente, ou la passion, demeure le maintien de mon équilibre. «Charité bien ordonnée commence par soi-même.» Et la première règle de cette charité est de préserver mon équilibre.

D'éloigner systématiquement de moi ce qui le menace.

De cultiver passionnément ce qui le rend plus florissant.

Car, sans mon équilibre que je tiens parfois pour acquis, rien n'a plus de saveur, et je suis condamné à... boire du lait!

Sagesse avec l'argent

Un proverbe arabe dit (je ne sais pas pourquoi il y a tant de proverbes arabes mais c'est ainsi!): «L'homme riche est celui qui se contente de ce qu'il a.»

Cette sagesse des *Mille et Une Nuits* peut être interprétée comme un éloge de la médiocrité.

Mais on peut aussi, je crois, en tirer un enseignement et une sorte de corollaire que voici: «Les ennuis financiers de la plupart des gens ne viennent pas tant du fait qu'ils n'ont pas suffisamment d'argent, mais qu'ils en dépensent plus qu'ils n'en gagnent.»

Les dettes suivent et avec elles tout le cortège des soucis habituels. C'est une pente dangereuse que celle qui consiste à tout acheter à crédit, à dépenser l'argent qu'on n'a pas, et à payer plus tard. On le paie souvent de sa personne d'ailleurs, car parfois les dettes deviennent un poids si lourd à porter que toute notre existence s'en trouve empoisonnée.

Je ne dis pas qu'il faille bannir l'amour des belles choses, qu'il faille se priver de tout, ne jamais rien acheter, devenir radin et se flatter d'être un véritable éteignoir dès que vient le temps de faire une dépense pas absolument nécessaire. Mais il faut, je crois, faire preuve de mesure. Ce à quoi la publicité ne nous incite pas très fortement, bien entendu!

Il est toujours temps – et toujours facile – de dépenser l'argent qu'on n'a pas... encore dépensé!

Quant à celui qu'on a déjà dépensé avant de l'avoir gagné, souvent il nous enchaîne et le plaisir qu'il nous a procuré est depuis longtemps oublié, alors qu'on se rappelle – ou que nos créanciers nous rappellent – constamment nos dettes.

Je sais qu'il est des cas, surtout dans les débuts d'une vie, où il faut emprunter pour démarrer. Je ne suis pas ennemi de cette théorie qui dit qu'on fait plus vite de l'argent avec l'argent des autres, c'est-à-dire en empruntant, ce qui fut le cas de la plupart des grands hommes d'affaires.

Mais il faut faire preuve de mesure, je crois.

Se voir, avec l'argent, comme un violon qui ne joue pas bien lorsque ses cordes sont trop lâches, mais dont les cordes se rompent lorsqu'elles sont trop tendues.

La question d'un million de dollars

Presque chacun s'entend pour dire qu'on ne saurait être heureux si on ne fait pas un métier qu'on aime.

Il y a à cela une logique certaine.

En supposant qu'on dorme huit heures par jour, il ne reste donc que seize heures par jour pour vivre. Comme on en travaille en moyenne huit, c'est donc qu'on passe la moitié de son temps (de veille) à travailler.

Il est donc inévitable que, si on passe la moitié de son temps à faire quelque chose qui nous déplaît, notre travail – ou plutôt l'amertume qu'il distille en nos veines, en notre cœur – déteigne sur le reste de notre existence, l'empoisonne même.

C'est donc important de s'efforcer de choisir un métier en fonction de ses aspirations, de ses talents, de son tempérament.

Parfois pourtant, notre vocation nous paraît incertaine.

Nos collègues, notre patron, nos clients – la tâche elle-même – nous agacent, et des doutes s'élèvent dans notre esprit.

Fait-on le bon métier?

Ne devrions-nous pas plutôt en changer?

Mais n'est-ce pas par simple caprice, par immaturité?

N'est-il pas bien connu qu'il n'y a pas de situations parfaites?

Chaque métier a ses grandeurs et ses misères, ses avantages et ses inconvénients.

On peut aimer un métier et pourtant s'en lasser à l'occasion, et pourtant s'en plaindre comme on le fait parfois d'un être avec qui pourtant on souhaite passer le reste de sa vie.

Donc parfois des doutes surgissent dans notre esprit au sujet de notre vocation.

Il est à mon avis une question bien simple qu'on peut alors se poser pour savoir si on aime vraiment ce qu'on fait: c'est la question d'un million de dollars. Que, soit dit en passant, je n'ai d'ailleurs pas inventée.

Demandez-vous: «Si demain je gagnais un million de dollars (avec l'inflation, mettons cinq millions, ce qui met à l'abri du besoin la plupart des gens raisonnables, je veux dire pas excessivement dépensiers) oui, donc si je gagnais un million de dollars, continuerais-je à faire le métier que je fais?»

Je crois que la première chose que feraient la plupart des gens nouvellement millionnaires serait de quitter leur emploi.

Ce qui est une sorte d'aveu un peu triste, celui bien entendu qu'ils n'aiment pas ce qu'ils font, et comme les chances sont minces pour qu'ils gagnent un jour le million, ils risquent fort de continuer à faire jusqu'à leur retraite un travail qu'ils détestent ou qu'ils n'aiment que médiocrement. C'est d'ailleurs sans doute ce qui explique le succès quasi universel des loteries.

Je recommande donc chaudement aux jeunes de choisir un métier selon leur cœur. Je sais que ce choix déplaira parfois à leurs parents. Mais après tout c'est eux qui devront l'exercer, ce métier, et non leurs parents, qui ont déjà choisi le leur, avec ou sans bonheur!

Les métiers qu'on ne choisit que pour se nourrir, ne nous nourrissent pas intérieurement et à la fin ne nous nourrissent même plus du tout, je veux dire matériellement, car il est extrêmement difficile, sinon impossible, de briller dans un métier qui nous déplaît.

Je ne fais pas ces remarques pour encourager le lecteur lassé de son travail à le quitter du jour au lendemain sans se soucier de ses obligations familiales, ou autres.

Mais lorsqu'on déteste son métier, il est bon, je crois, de se mettre en quête d'un travail qui corresponde plus à nos aspirations véritables et qui nous procure une consolation autre que celle, d'ailleurs souvent fort mince, de la paie du jeudi.

Oui, il est bon, comme la vie est courte – et souvent plus courte qu'on ne pense – de songer à trouver un autre métier, ou encore à tenter d'aimer le métier que l'on fait, ce qui est possible aussi.

Et moi, si je gagnais un ou disons cinq millions demain matin?

Je continuerais tout simplement de faire ce que je fais, c'est-à-dire d'écrire des romans.

Seulement – et dans la mesure du possible, c'est-à-dire en tenant compte de mes obligations familiales – j'écrirais peut-être plus souvent à l'étranger.

À Paris, à Venise, à Londres, trois villes où je me plais plus qu'ailleurs.

La leçon de la maladie

La promesse que je me suis faite, adolescent, de ne jamais laisser le malheur m'atteindre tant et aussi longtemps que je ne serais pas malade – et surtout que je ne serais pas hospitalisé – il me semble que je l'ai oubliée récemment.

J'ai des «circonstances atténuantes» si je puis dire, parce que cela fait plus de trente ans que j'ai fait le serment du malade, et comme chacun sait, la mémoire est une faculté qui oublie...

J'étais un peu débordé, il est vrai, très débordé même car depuis deux ans, livres, conférences, scénarios, voyages, déménagement, naissance de mon premier enfant – ce qui est une joie mais aussi une corvée nouvelle – s'étaient succédé à un rythme infernal.

J'ai toujours pris les bouchées doubles, sinon triples, presque spontanément, et sans m'en rendre vraiment compte parce que je travaille vite, avec plaisir aussi et je n'aime pas dire non – ni aux autres ni à moi-même lorsqu'une idée s'empare de moi et que je veux m'en débarrasser le plus vite possible, c'est-à-dire, en général, accoucher d'un roman. Il me semble parfois que je suis un mulet – du reste heureux de son sort ! – qu'on peut charger indéfiniment et qui jamais ne ralentit, et qui jamais ne braie.

J'ai besoin de ma dose quotidienne de travail comme un opiomane de son opium, un gymnaste de son exercice. Mon équilibre en dépend, me semble-t-il, que je m'efforce attentivement de préserver. Et pourtant, récemment – est-ce l'âge ? – j'ai fait preuve d'insouciance, il me semble, en forçant un peu la note, et surtout en ne tenant pas compte de certains signes avant-coureurs, qui en général m'annoncent l'imminence d'une maladie...

Des signes avant-coureurs ?

Oui, et presque toujours les mêmes, et dont je tiens habituellement compte pour éviter la maladie avant qu'elle ne me frappe.

Il faut que je vous explique. J'ai cette chance extraordinaire d'être d'un naturel optimiste. La bonne humeur est chez moi un état normal comme chez d'autres, moins fortunés, la morosité. Pourtant, le surmenage, la fatigue, le manque de vacances, une certaine accumulation de soucis, font que je sens parfois cette heureuse disposition s'éroder. De parfaitement positif que j'étais, je me sens petit à petit envahi par des pensées plus sombres, comme si ma joie de vivre, constante en temps normal, avait pris congé de moi.

Comment cette dégradation de mon être moral – annonciatrice de maux bien physiques – se traduit-elle, dans les faits ?

Eh bien par exemple, alors que j'éprouve en général un préjugé favorable à l'endroit des gens, inconnus ou pas, voilà que je me surprends à médire d'eux sinon verbalement du moins mentalement, ce qui revient au même.

Je tiens «personnellement» responsable la serrure de ma portière de ne pas s'ouvrir immédiatement, l'hiver, lorsque je suis impatient de m'engouffrer dans ma voiture pour échapper à la rafale...

Je reproche à ma cravate de ne m'avoir pas permis de faire un nœud parfait du premier coup...

Si je vais chez McDonald's et que je dois attendre plus de cinq minutes avant qu'on daigne me servir, je vocifère intérieurement et accuse les propriétaires de contradiction dans les termes: un fast-food digne de ce nom ne fait pas attendre les honnêtes gens... cinq minutes!

Cinq minutes!

Comme s'ils pouvaient préparer individuellement les «hambourgeois» pour chaque client nouveau et en même temps les servir en moins de trente secondes!

Cinq minutes...

Oui, moi qui suis en général d'humeur si égale, qui m'amuse de tout, qui me rappelle constamment que j'ai reçu mon congé de l'hôpital... (il y a trente ans!) il me semble que je descends alors en-dessous de moi-même – ce qui est très désagréable et me rend indulgent à l'endroit de certaines gens qui semblent se complaire en permanence dans cet état!

Oui, il me semble que je deviens une pâle copie – et pas très sympathique! – de ce que je suis généralement.

D'habitude, c'est une petite sonnette d'alarme qui me dit: si tu ne t'arrêtes pas c'est la maladie qui t'arrêtera.

Prends des vacances, ou – si tu ne peux pas partir – décroche, pose le collier, souffle un peu...

Normalement, j'aurais dû m'arrêter, parce que j'étais devenu irritable, impatient, nerveux...

Oui, j'aurais dû ralentir, un certain mardi du mois de novembre, mais j'avais entrepris la composition exaltée d'un petit livre intitulé *Conseils à un jeune romancier*, et je devais mettre la dernière main à une conférence que je donnais le samedi suivant devant deux cents personnes.

Le midi, même si j'étais débordé, je me rendis à l'enterrement d'une vieille tante... (Je ne sais pas pourquoi lorsqu'on parle d'une tante on dit presque toujours qu'elle est vieille!) En retard pour la cérémonie religieuse, je me rends directement à la petite réception qui suit. J'offre mes sympathies à la famille de la défunte. Je suis avec ma petite fille qui a presque deux ans, que j'appelle affectueusement Lippou, et qui ne comprend rien à ce qui se passe mais sait seulement une chose: il est midi et elle a faim.

Je ne perds pas une minute, et en compagnie de mon père qui est présent puisque c'est la femme de son frère qui a rendu l'âme, je me dirige vers la table de banquet. J'entasse en hâte des sandwichs dans une assiette, une dizaine d'olives vertes car ma fille Julia en est friande, puis je vais m'asseoir sur une des chaises alignées le long du mur.

Mais je suis à peine assis que j'éprouve un malaise. Je regarde le sandwich que je grignote, me demande s'il n'en est pas la cause. Il semble parfaitement frais pourtant. Je tente de prendre discrètement de grandes respirations, feins de sourire pour donner le change. Mais mon malaise persiste et même s'aggrave. Je me sens si faible que, craignant de m'effondrer, et malgré la présence des nombreux convives, j'annonce à mon père, assis à côté de moi, que je ne me sens pas très bien et je m'allonge sur le plancher.

En quelques secondes la nouvelle fait le tour de la salle de réception, des convives s'approchent, et je les vois pencher vers moi un visage tout à la fois anxieux et compatissant. Ce sont des amis, des parents. J'accepte de bonne grâce d'être l'objet de leur curiosité, tente de sourire pour les rassurer. Mais ma mine ne doit pas les rassurer, elle, parce que leur expression est à tout le moins sérieuse.

Julia, ma fille, écarquille les yeux, et même si je prends sa main pour la rassurer, elle se met à pleurer en répétant, assez pathétiquement d'ailleurs:

«Papa bobo, papa bobo!»

Comme si, avec un instinct étonnant, elle comprenait parfaitement, même à deux ans, ce qui se passait. J'ai beau lui dire que je ne fais que me reposer, l'invitant même à s'asseoir près de moi, elle continue de pleurer, me regarde, catastrophée.

Du coup, de curieuses pensées m'envahissent. Je n'ai pas une expérience considérable de la mort, et je me dis que sans m'en rendre compte je suis peut-être... en train de mourir!

Qui sait...?

Je ne m'affole pas pourtant, je conserve même un calme dont je suis le premier à m'étonner: peut-être justement parce que je ne suis pas vraiment à l'article de la mort...

Vous, lecteur, savez que je ne l'étais pas, puisque vous lisez ce récit, mais moi à ce moment, je ne le savais pas...

À la vérité, toutes sortes d'idées continuent à affluer dans mon esprit, et la plus affolante est sans doute que ma fille sera peut-être orpheline à deux ans...

Moi mourir: ce n'est pas si grave, et il ne me semble pas que l'événement soit si dramatique...

Dans mon calme relatif, une certaine tristesse monte pourtant en moi: je me dis que je ne verrai pas grandir ma fille...

Et je me reproche ce mouvement d'impatience que j'ai eu lorsqu'elle m'a demandé, pour la dixième fois, avant de se coucher, un «caco», ce qui, dans son vocabulaire de fillette est le néologisme qui remplace «cookie», (la mère est Anglaise) c'est-à-dire biscuit, de loin sa collation préférée, qu'elle réclame d'ailleurs vingt fois par jour.

Oui, je me reproche mon mouvement d'humeur, et aussi mon irritation certains matins lorsque Julia nous tire du lit un peu tôt, vers six heures, impatiente qu'elle est de recommencer l'aventure de sa vie nouvelle, interrompue dans les pleurs la veille, au moment du dodo, oui, impatiente qu'elle est d'aller en bas, de boire son lait chaud, de jouer avec le chat, de regarder Barnie...

Je ne me rendais pas compte que ces moments étaient parfaits, étaient exquis, même si sur le coup ils semblaient contrariants.

Oui, ils étaient parfaits, parce que j'étais avec ma fille, ma fille que j'allais peut-être perdre.

Dans quelques minutes.

Et dont je ferais une orpheline.

J'étais avec ma fille, que j'adore et qui m'adore et qui est la lumière de ma vie et, dans ma stupidité, dans mon aveuglement, je trouvais à me plaindre de certaines de ses requêtes, de sa conduite, pourtant parfaitement naturelles.

J'avais oublié que j'étais celui qui, trente ans plus tôt, avait obtenu son congé, non seulement avait obtenu son congé mais était en liberté avec cet être adorable, cette petite poupée de joie et d'amour: Lippou, la merveilleuse, Lippou, l'unique, l'incomparable, avec ses cheveux d'ange, et ses lèvres humides qui sourient presque toujours. Lippou qui ne marche pas mais qui court constamment, qui ne marche pas, mais qui saute et s'émerveille à chaque instant et qui, lorsque je lui dis: «Veux-tu qu'on aille voir les animaux?», c'est-à-dire aller chez *Toys R Us*, le gigantesque magasin de jouets, saute de joie et dit trois fois d'affilée, enthousiaste à m'en donner des larmes: «O.K., O.K., O.K.!», Lippou qui s'extasie devant tout, qui s'extasie devant un rien, et me rappelle constamment que si parfois je suis blasé, ce n'est pas parce que la vie n'est pas le plus passionnant des romans, c'est parce que je commence à vieillir...

Du coup toute ma vie, dont la routine parfois me semblait irritante, toute ma vie me semble parfaite, et si lointaine, et si inaccessible comme si j'allais la perdre et ne plus la retrouver...

N'est-ce pas ce que Lippou a senti, et n'est-ce pas ce qui explique ses larmes, parce qu'elle sait, elle, qu'elle va me perdre, et c'est pourquoi elle me répète, inconsolable: «Papa bobo, papa bobo...»

J'éprouve aussi une sorte de déception. Oui, je suis déçu de moi. Il me semble qu'il me restait tant à faire, tant de romans à écrire, de livres à lire, de pays à visiter...

Au moment même où j'ai ces pensées, je me dis que mon état est peut-être plus grave que je ne veux bien le croire, parce que sinon je n'aurais justement pas toutes ces pensées...

Une de mes cousines, infirmière, se penche alors vers moi, m'examine, me pose sans doute les questions classiques en ce genre de situation.

Ai-je une douleur à la poitrine?

Non.

Alors au bras gauche?

Non plus.

«Ton teint est très pâle», se permet de remarquer ma sœur Louise, pendant que ma cousine, attentionnée, prend mon pouls, qui ne lui paraît pas anormalement élevé. Je le sens plus rapide qu'à l'accoutumée, mais il n'est pas affolé en effet. On me demande – à toutes les trente secondes – si je souhaite qu'on fasse venir les ambulanciers. Mais par optimisme – et peut-être aussi par orgueil – je réponds par la négative. Pourtant, tout le monde continue de me regarder avec inquiétude: décidément, je ne dois pas avoir bonne mine. Et de toute manière, si je suis allongé par terre, comme terrassé, c'est visiblement que je ne me porte pas très bien!

Je me sens trop faible pour me lever, et j'éprouve une angoisse diffuse, même si je n'ai pas l'impression de faire une crise cardiaque, comme chacun semble le penser.

Je pense alors à toutes ces histoires que j'ai entendues de ces gens bien portants qui subissent des crises cardiaques, de légers infarctus d'autant plus pernicieux qu'ils ne s'en rendent pas toujours compte. N'est-ce pas ce qui m'arrive, à la vérité?

Je tente de me rasséréner en me disant que je mène somme toute une vie très disciplinée et dont les excès, mis à part de travail, sont pour ainsi dire absents.

Je ne fume pas, ne bois pas, je ne fais pas d'embonpoint et je fais un peu d'exercice. Quant au café, nocif comme chacun sait, et que pourtant tout le monde boit, ou presque, je dois pourtant admettre que j'en ai fait une consommation un peu plus importante ces derniers jours.

Rien qui se compare au dopage balzacien, bien entendu, mais j'en bois depuis quelques jours trois ou quatre tasses, ce qui excède considérablement ma consommation quotidienne habituelle, qui se limite à une seule tasse matinale. Sans compter que depuis quelque temps, ma femme achète des moutures plus fortes à l'arôme envoûtant, mais aux effets plutôt dévastateurs sur moi.

Oui, il ne me semble pas mener une vie qui conduise à la crise cardiaque, et pourtant, on entend tellement d'histoires ahurissantes, il y a plein de gens qui n'ont jamais fumé, qui se targuent d'avoir des poumons roses comme ceux d'un poupon et qui pourtant meurent d'un cancer... des poumons!

On me demande si je veux bien passer dans une salle voisine, sous prétexte que j'y serai mieux pour... être mal, mais je sais bien que c'est parce que, malgré moi, je perturbe la petite fête déjà pas très gaie puisqu'elle fait suite à un enterrement.

On a rappelé déjà une première fois aux convives leur mortalité, pas la peine de la leur rappeler à nouveau, de manière plus inquiétante même, parce que le premier sujet – ma vieille tante! – est déjà mort, tandis que moi, je suis... en train de mourir! Ce qui est un spectacle plus insupportable parce que je suis plus près des convives qui, tout comme moi, sont encore vivants!

Malgré ma faiblesse, je parviens à me lever et, soutenu par mon cousin Jean-Pierre, qui vient de perdre sa mère (ma vieille tante), je marche péniblement vers la salle attenante, où je m'assois au lieu de m'allonger. Je me sens en effet un peu mieux.

Malgré mes protestations, les ambulanciers se pointent bientôt, bien inutilement, semble-t-il. Ils prennent ma pression, évalue mon rythme cardiaque, me bombardent gentiment de questions, me demandent si je souhaite aller à l'urgence. Je les remercie, mais non, je me sens mieux, ils repartent.

Cinq minutes plus tard, nouveau malaise, à telle enseigne que je dois à nouveau m'étendre. Cette fois-ci, lorsque les ambulanciers reviennent, je ne proteste plus: mon obstination ne serait plus de l'héroïsme mais de l'imbécillité. Ma mère et ma sœur s'occuperont de Lippou, petite princesse que je vois s'éloigner la mort dans l'âme, dans sa petite robe de velours (noire, pour l'occasion) et ses petits souliers de cuir verni (également noirs) qu'elle portait pour la circonstance...

Oui, m'efforçant de sourire pour ne pas la plonger dans une angoisse plus grande, je regarde s'éloigner Julia, mon adorée, qui, à trois ou quatre reprises se retourne vers moi, et me regarde avec de grands yeux tristes, comme si, elle, elle était cruellement persuadée qu'elle ne verrait jamais plus son petit papa.

Je m'allonge sur une civière où l'on me recouvre d'une couverture puis me sangle, comme un prisonnier, et on me transporte jusqu'à l'ambulance.

C'est la première fois que je monte dans un pareil véhicule. Je ne sais pas si c'est parce que je suis souffrant, mais je trouve l'expérience fort désagréable. Est-ce la suspension qui est défectueuse, ou la route qui est cahoteuse, toujours est-il que le trajet me semble insupportable tant je suis bousculé. Si je n'avais pas eu envie de vomir en montant dans l'ambulance, maintenant je l'ai: il est vrai qu'on n'est pas habitué de voyager allongé plutôt qu'assis.

À l'urgence, qui est engorgée, on me parque dans un corridor où je dois attendre, accompagné de mon père, qui ne dit mot. Au bout d'une heure, on ne m'a toujours pas examiné mais je me sens beaucoup mieux, et je demande à l'ambulancier, qui se tient toujours à mes côtés, de me défaire de mes sangles, et de m'asseoir dans un fauteuil roulant. Il obtempère.

Quelques minutes plus tard, devant satisfaire aux besoins de la nature, je me rends aux toilettes, abandonnant mon fauteuil à la porte. Lorsque j'en ressors, soulagé, je me rends compte qu'on m'a volé mon fauteuil! L'urgence est si achalandée qu'il est impossible d'en trouver un autre. Aucune chaise libre non plus. Comme je me sens encore faible, je suis enchanté de découvrir, devant un comptoir, une banquette libre. J'y ai à peine posé le bout des fesses que la préposée fronce les sourcils et me dit d'une voix sèche:

«C'est le comptoir de l'admission, vous n'avez pas le droit de vous asseoir!» Je ne dois pas avoir l'air assez malade pour susciter sa commisération. Je suis faible certes, mais pas assez pour ne pas me relever.

Je regarde autour de moi et il me semble que les gens ont l'air beaucoup plus mal en point que moi, qu'ils sont de véritables malades alors que moi... je ne suis là que par erreur! J'annonce à mon père, avec un clin d'œil complice, que je vais aller respirer un peu d'air frais. Il m'accompagne. Au bout de trente secondes, je décide: «Partons!»

Il ne proteste pas.

Je me sens mieux, même si je suis encore un peu faible, même si je ne sais pas ce que j'ai eu.

C'est peut-être tout simplement le surmenage, (un peu trop de café aussi) un manque répété de sommeil depuis quelques semaines car je me lève vraiment tôt, parfois à trois heures du matin, pour lire, écrire...

Je me rends compte que lorsqu'on est admis à l'hôpital, de nos jours, mieux vaut être au bout de son sang, et d'ailleurs inconscient : si on peut vous demander comment vous vous sentez, et surtout si vous pouvez répondre, vous n'êtes pas considéré digne d'intérêt, je veux dire digne d'un intérêt immédiat. Je ne veux pas faire le procès de nos hôpitaux, d'autres l'ont fait avant moi, sans doute parce qu'ils n'ont jamais été hospitalisés au Mexique ou en Russie. Je fais juste une observation.

Et pendant que nous nous éloignons de l'hôpital, je me dis que mieux vaut mourir vieux et en santé, qu'il est préférable que notre mort ne soit pas précédée d'aucune maladie, si bien que nous passons directement de notre chambre au cimetière... sans se rendre par l'hôpital !

Dans la luxueuse voiture paternelle qui me ramène vers Montréal, je pense à Lippou, je pense à ma compagne, je pense à la fragilité de la vie.

Je pense aussi que j'avais oublié depuis quelque temps que j'avais reçu mon congé... il y a trente ans !

Et que j'avais oublié que la santé n'est pas acquise, n'est jamais acquise, ni la merveilleuse liberté qui l'accompagne.

Que ce qui vient de m'arriver me serve de leçon !

Non seulement je dois ménager ma monture – littéraire ou autre – mais je dois recommencer à me souvenir que j'ai reçu mon congé, que je me suis d'ailleurs donné moi-même à l'urgence, un peu cavalièrement, j'en conviens.

Oui, je prends à nouveau la résolution de me rappeler que je suis quelqu'un qui a reçu son congé de l'hôpital. Et que je ne devrais plus me plaindre de rien, ne pas avoir de mouvement d'impatience.

Oui, je refais le serment du malade.

Et je le refais pour les trente prochaines années au moins.

Ensuite on verra...

P.-S.: Journal que je tins une fois guéri: «Qu'il est bon de retrouver la santé! Joie de la plénitude. Comment ai-je pu oublier ce délice! Se sentir bien après s'être senti mal. Résolution: vivre chaque jour avec cette reconnaissance comme si j'avais été longtemps malade et que j'avais cessé juste la veille de l'être même si ça fait un an, même si ça fait dix ans, même si ça fait trente ans!»

Les baisers les plus doux

Il y a quelques semaines, pendant la période des fêtes, j'ai amené ma fille Julia au cinéma pour la première fois.

Aux États-Unis, lorsqu'on envoie un manuscrit à un éditeur sans l'intermédiaire d'un agent, il nous le renvoie généralement sans le lire, avec la simple mention: *unsolicited material.*

Ce qui en général n'est pas une expérience agréable car on découvre rapidement que la plupart des agents ne veulent représenter que des auteurs déjà publiés, et comme il faut un agent pour trouver un éditeur, c'est un cul-de-sac, ce que les Américains appellent *Catch 22.*

Ma fille, elle, était si enchantée de sa première expérience cinématographique qu'à quatre ou cinq reprises, elle s'arrachait au ravissement de l'écran, se tournait vers moi et me donnait des baisers, des baisers non sollicités et je me suis rendu compte que c'était les plus doux.

Je pensai alors qu'en amour, au lieu de solliciter l'autre, d'avoir des exigences, nous devrions plutôt l'amener aussi souvent que l'on peut «voir un film qui l'enchantera», et même lui offrir le pop-corn, comme je le fis à ma fille pour que son expérience soit totale.

Les baisers qu'on recevra alors seront incomparables à côté de ceux qu'il nous aurait donnés parce qu'on les a réclamés.

Voyez-vous l'escalier ou les clous ?

Dans ma nouvelle maison, il y a un escalier de chêne, que j'aperçois dès que j'entre et qui permet de passer aux chambres à coucher, à l'étage. Je ne dirais pas qu'il est somptueux, car je suis allé à Newport, au Rhode Island, et j'ai visité *The Breakers* (qui fut bâtie par Cornelius Vanderbilt) et *The Elms*, qu'érigèrent somptueusement les propriétaires du même nom. On peut y admirer des escaliers qui sont vraiment somptueux.

Mais mon escalier de chêne est très beau, je dirais, et presque chaque fois que je l'emprunte, j'admire sa solidité, le grain de son bois, son riche éclat, et j'en éprouve une certaine fierté. Non pas comme un prince bien entendu, mais au moins comme un auteur qui parvient à vivre de sa plume, ce qui n'est tout de même pas si mal.

Mais nous avons dans la famille un oncle qui se targue d'avoir une certaine expérience en ébénisterie, comme dans une vingtaine d'autres domaines. Lorsqu'il est venu pour la première fois visiter notre nouvelle maison, il a, comme tout le monde, aperçu l'escalier. Mais au lieu de faire un commentaire admiratif, comme font la plupart des gens – même si c'est par pure politesse, mais je crois la plupart sincères... – il s'est approché de l'escalier, s'est penché et, à notre étonnement, s'est mis à l'examiner.

Au bout de quelques secondes, il a relevé la tête avec une sorte de sourire, comme s'il était content de sa fabuleuse découverte, mieux encore, comme s'il se réjouissait à l'avance de ce qu'il allait nous dire. Le plissement de ses lèvres nous dupa: nous nous attendions, ma femme et moi, à un compliment. Mais à la place, cet oncle aux mille spécialités a observé: «C'est inouï, venez voir!»

Nous nous sommes approchés, intrigués. Nous nous sommes penchés vers le côté de l'escalier, que je n'avais personnellement jamais regardé.

«Regardez, dit-il, je n'en reviens pas, un escalier de ce prix, et ils n'ont même pas été foutus de dissimuler la tête des clous!»

Je me suis penché davantage, parce que la tête des clous était fort petite, et je me suis alors aperçu qu'il avait raison. Oui, il avait raison: la minuscule tête des clous n'avait pas été recouverte, comme elle aurait pu l'être, j'imagine.

Cet oncle désagréable avait raison, mais en même temps il avait tort. Il avait tort non pas tant parce qu'il manquait un peu de tact et aurait dû naturellement nous féliciter pour le bel escalier de chêne que tout le monde remarque. De cela, je me moquais, car je le connais depuis longtemps et je ne m'attends jamais à quelque chose de très élogieux de sa part.

Mais il avait tort, je crois, parce qu'il ne voyait pas l'escalier mais ces minuscules têtes de clous qui n'avaient pas ou avaient été négligemment masquées, par je ne sais quel produit dont il me signala tout de suite la précieuse existence.

Oui, il n'avait pas vu la beauté de cet escalier. Et le plus étonnant, c'est que la surface qu'occupent les têtes de ces clous mal dissimulées est évidemment infime en comparaison de la surface totale de l'escalier.

À peine un millionième sans doute, si je me donnais la peine de le mesurer mais il se trouve que j'ai autre chose à faire...

Et pourtant, c'est ce millionième, et seulement ce millionième que cet oncle a vu, dans son grand discernement.

Combien de gens n'en sont-ils pas là, qui ne voient que les clous, et non pas l'escalier magnifique de la Vie?

Loin de me chagriner par ses remarques, cet oncle m'a instruit, ce qui ne ferait que prouver, s'il en était besoin, que chaque être que nous rencontrons peut être un maître pour nous. Depuis ce jour, en effet, lorsque je suis contrarié par des vétilles, je pense à cet oncle rabat-joie, et à ses remarques au sujet des clous «invisibles» de mon bel escalier, et je me demande si je ne suis pas en train de faire la même chose que lui.

En vacances, si par exemple je suis contrarié parce que tout n'est pas parfait, qu'un détail cloche, parce que la chambre n'est peut-être pas aussi grande, aussi éclairée que je voudrais, je me rappelle que je ne dois pas oublier de «voir l'escalier», que dehors il y a la plage, où je passerai le plus clair de mon temps, et la mer infinie...

Dieu

Il y a plusieurs années, je m'étais séparé un peu brusquement de ma compagne de l'époque. Ébranlé, et désireux de me changer les idées, comme on dit, je pris le premier billet d'avion que je pouvais trouver et je partis vers la République dominicaine sans même prendre la peine de réserver une chambre.

Je me reposais sur ma chance, comme je l'avais fait si souvent dans le passé.

J'arrive d'abord à Sosua qui ne me plaît pas énormément, et je me rends tout de suite à Cabarete, dont j'ai entendu parler. Ma lourde valise en main, je me présente à un premier hôtel, à un deuxième, un troisième, je fais en vérité tout ce qui se trouve d'hôtels, et chaque fois je me bute à la même réponse: tout est complet!

«C'est le temps des fêtes», m'expliquent la plupart des hôteliers, désolés.

Je me rends alors compte que je me suis montré un peu présomptueux, que c'est la haute saison, qu'il n'est pas évident de trouver une chambre libre entre Noël et le

Jour de l'an, dans un petit village aussi à la mode que Cabarete, du moins à l'époque.

Ne devrais-je pas retourner à Sosua, qui m'a plu médiocrement? L'idée me rebute. Las, je me dirige vers la plage, et m'assois sur ma lourde valise, prends ma tête entre mes mains, et regarde avec une certaine nostalgie la mer des Caraïbes, magnifique.

Alors, je ne sais trop pourquoi, moi qui ne suis pas d'un naturel spécialement pieux, j'élevai vers le ciel, si bleu, si pur, une curieuse prière, qui se formula ainsi:

«Dieu, je t'en prie, aide-moi!»

Je sais que c'est un peu vain de solliciter l'intervention divine pour un problème de vacancier étourdi qui n'a pas pris l'élémentaire précaution de réserver à l'avance une chambre, surtout au plus fort de la saison touristique. (Avec l'état du monde actuel, Dieu a sûrement autre chose à faire)! C'est pourtant ce que je fis.

Alors, je le jure, il ne s'écoula pas une minute qu'un jeune homme que je ne connaissais pas passa devant moi et m'interpella:

«Vous avez l'air bien découragé, me dit-il.

– Oui, expliquai-je, je suis arrivé ce matin, j'ai fait tous les hôtels, toutes les auberges, et il est impossible de trouver une chambre.

– Je crois qu'il y en a une libre, juste là...»

Je me retournai, un peu surpris, et je vis que le sympathique inconnu désignait un bâtiment qui ne ressemblait pas à un hôtel, en tout cas pas à un hôtel ordinaire. D'ailleurs, sur un grand panonceau aux couleurs chatoyantes, on pouvait lire: École de voile.

Je fronçai les sourcils.

«C'est une école de voile effectivement, m'expliqua le jeune homme, mais ils louent une chambre pour dépanner les gens et je crois qu'elle est libre en ce moment!»

Je le remerciai, m'empressai de me présenter à l'école de voile, qui se trouvait à peine cent mètres derrière moi, et à la porte de laquelle il ne me serait jamais venu à l'idée d'aller frapper.

Il y avait effectivement une chambre libre, une chambre minuscule, qui ne payait pas de mine mais qui était proprette, toute peinte en bleu, murs et planchers. Au-dessus du lit, une moustiquaire me prévenait qu'il y aurait des insectes nocturnes mais que je n'aurais pas à m'en soucier. La chambre était même pourvue d'un petit évier et d'une toilette avec douche!

Je m'informai aussitôt du tarif qui était quasi dérisoire: seize dollars américains par nuit! Ce n'était pas une chambre qui aurait plu à ma compagne mais comme nous venions de nous séparer, je n'étais pas pour m'embarrasser de ses goûts! En fait la chambre, malgré son absence de luxe, était parfaite, et je m'empressai de la louer.

Lorsque je me retrouvai seul, j'écartai la moustiquaire et m'allongeai dans le lit. Enchanté, je me félicitai de ma bonne fortune, et surtout de mon audace d'être parti sans réserver une chambre.

J'avais déjà oublié Dieu.

Si je n'avais plus qu'une chose à dire

Lors des conférences, les gens me posent toutes sortes de questions. On me questionne souvent sur mes habitudes de travail, qui ressemblent à celles d'un fonctionnaire puisque je travaille cinq jours par semaine, de huit heures le matin à seize heures de l'après-midi avec une brève pause (syndicale) d'une demi-heure: je suis un fonctionnaire de l'imaginaire!

On s'informe sur mes goûts – mes dégoûts. Sur mes lectures. On me demande souvent quel est mon auteur préféré, ce à quoi je ne sais que répondre, puisque j'ai des périodes, des engouements passagers, que des auteurs qui me plaisaient adolescent ne me plaisent plus, et inversement.

Mais la question la plus étonnante me fut sans doute posée par l'organisatrice d'une conférence que je donnais à Québec.

«Si vous aviez un seul conseil à donner, me demanda-t-elle, quel serait-il?

– De lire tous mes livres», répondis-je à la blague.

Mais redevenu sérieux, je lui expliquai que si j'étais sur mon lit de mort, qu'il ne me restait plus que quelques secondes à vivre, ou quelques minutes disons, et que je n'avais plus la force que de prononcer vingt-cinq mots, en d'autres mots si je devais faire un bref testament spirituel, donner un ultime conseil, je dirais: «Répétez tous les jours à voix haute, au moins cinquante fois:

«DE JOUR EN JOUR, À TOUT POINT DE VUE,
JE VAIS DE MIEUX EN MIEUX.»

Puis, je rendrais l'âme, comme on dit en langage occidental, ou plutôt comme on devrait dire, je rendrais mon corps, et je poursuivrais sans plus attendre mon odyssée dans la contrée lumineuse qui m'attend, qui attend tous ceux qui ont tenté de vivre leur vie selon leur idéal.

Je crois que la répétition incessante du nom de Dieu est plus puissante, et donc supérieure à l'autosuggestion, encore que la formule: «APAISE-TOI ET SACHE QUE JE SUIS DIEU», allie les deux formes puisque c'est de l'autosuggestion et c'est aussi la répétition magique du nom de Dieu.

Mais pour plusieurs, la répétition du nom de Dieu, la méditation en somme, est quelque chose de trop ésotérique, et leur scepticisme ne peut l'accepter, leur matérialisme, si inconscient qu'il se confond avec le bon sens, se hérisse.

L'autosuggestion («De jour en jour, à tout point de vue, je vais de mieux en mieux») de toute manière mènera éventuellement à la méditation, qui arrivera dans la vie du chercheur de lumière, du chercheur de bonheur, au moment précis où il en aura besoin pour poursuivre son évolution...

Évidemment, si je savais que mes dernières paroles allaient tomber dans des oreilles préparées, je dirais qu'il est encore mieux de tenter de suivre la voie que je décris dans *L'Ascension de l'âme*, et qui permet d'éveiller en l'homme cette force secrète qu'on appelle la kundalini. Car alors, le chercheur, pour employer l'expression bouddhiste, «entre dans le courant», c'est-à-dire commence véritablement la vie spirituelle, qui est la seule vie qu'il vaut la peine de vivre, pour celui qui recherche vraiment le bonheur, car comme l'a dit Bouddha: «Le bonheur mondain ne représente que le dix millième du bonheur spirituel.»

Mais je suis conscient que la voie que j'ai utilisée est une voie plus difficile, que c'est une voie extrême qui risque de rebuter la plupart des gens, et d'ailleurs ne leur convient peut-être pas. Du moins en cette vie.

Pour toutes ces raisons, juste avant de rendre l'âme, je veux dire avant de partir pour la suite du voyage, je dirais à ceux qui entourent mon lit de mort, qui serait aussi mon lit de vie, mon lit de bonheur, pour ceux qui m'écouteraient:

«Répétez le plus régulièrement possible, comme si votre vie en dépendait, comme si votre bonheur en dépendait – et il en dépend d'une certaine façon –, oui, répétez à voix haute au moins trente fois, cent fois si vous pouvez, avec conviction, avec intensité, comme si c'était une prière, la belle, la lumineuse, la simple prière du bonheur, tous les matins en vous levant, tous les soirs en vous couchant:

«DE JOUR EN JOUR, À TOUT POINT DE VUE,
JE VAIS DE MIEUX EN MIEUX.»

Et je mourrais en paix, avec la certitude tranquille que la vie de ces gens serait transformée. Car votre parole est une baguette magique. Agitez-la dans le bon sens, en utilisant les bons mots, et... soyez heureux!

LA NAISSANCE DU MILLIONNAIRE

Comment naquit le vieux Millionnaire

On m'a souvent questionné sur les circonstances ayant entouré la naissance du *Millionnaire*, un personnage qui a connu une fortune à laquelle je ne m'attendais pas tout à fait, malgré mon optimisme incurable. Pour beaucoup de lecteurs, ce sympathique vieillard, philosophe et philanthrope à ses heures, a une existence si réelle qu'ils sourient avec scepticisme lorsque je leur avoue, conscient de les décevoir cruellement, qu'il n'existe pas, si ce n'est dans le monde de l'esprit où je passe – où d'ailleurs tout le monde passe, même sans s'en rendre compte –, le plus clair de mon temps. Ne dit-on pas que la vie est un état d'esprit?

Certains lecteurs enthousiastes sont si convaincus de l'existence du vénérable mentor qu'ils se disent prêts à me verser une forte somme pour le rencontrer et bavarder avec lui, ne serait-ce qu'une heure!

Mais non, il n'existe pas, et il n'a même pas, dans ce qu'il est convenu d'appeler la vraie vie, de modèle dont je me serais inspiré, comme il arrive à nombre de romanciers...

Voici plutôt comment les choses se passèrent...

J'avais démissionné quelques années plus tôt de mon poste de conseiller littéraire lorsque l'éditeur pour lequel j'écrivais des livres fantômes, me demanda de concevoir un vaste ouvrage sur la confiance en soi et le succès. Fidèle à ma méthode que servait à merveille ma «bibliophagie» coutumière, je me tapai une trentaine de bouquins en deux semaines, bâclai le plan, puis, au moment de me mettre au travail, une idée me vint, qui n'était pas initialement prévue.

Je pensai qu'il serait amusant – et plus didactique – de faire précéder cette vaste méthode, que je craignais d'être aride, par une introduction fantaisiste, et par conséquent romancée.

Socrate, le personnage central des dialogues platoniciens, est un vieux sage excentrique qui enseigne en usant de la méthode dite de la maïeutique, c'est-à-dire la science de faire accoucher les esprits. Adolescent, j'avais dévoré presque tout Platon qui, à vingt ans, avait renoncé au théâtre pour suivre Socrate et se consacrer à la philosophie. N'étais-je pas la victime d'une réminiscence inconsciente lorsque je pensai qu'il serait plus facile pour le lecteur de comprendre certaines vérités en mettant en scène un vieux sage et un jeune homme, un jeune homme qui, dans sa naïveté, poserait à son excentrique mentor toutes les questions que chacun se poserait?

Quoi qu'il en soit, je me mis au travail et, en deux ou trois jours, ce qui devait originellement être l'introduction de l'ambitieuse méthode qu'on m'avait commandée était terminée. Ce n'est qu'après l'avoir écrite que je me rendis compte qu'elle était plutôt longuette, pour une introduction puisqu'elle excédait une trentaine de pages!

Emporté par l'inspiration, je ne m'étais pas rendu compte que j'avais largement dépassé les limites généralement réservées à cette partie d'un ouvrage. Mais j'étais si enchanté du résultat que je m'empressai d'envoyer la trentaine de feuillets à l'éditeur français de manière à connaître son sentiment. Sa réaction m'étonna. Il était loin de partager mon enthousiasme.

À la vérité, il considérait que c'était complètement raté: ce n'était pas du tout dans le ton de ce qu'il attendait. Et puis avait-on idée d'écrire une introduction de trente pages! Donc, en un mot comme en mille, il refusait cette introduction et exigeait que j'en réécrive une autre, plus conventionnelle.

J'étais déçu, et pourtant, je ne le montrai pas, je ne tentai pas de défendre mon introduction, comme si une petite voix intérieure me murmurait que ce n'était pas grave, que quelque chose de bien émanerait de ce qui était tout de même un échec: ne dit-on pas qu'il y a une raison pour toutes choses!

Que ferais-je de ces feuillets, de cette introduction?

Je me rendis compte que si cette introduction ne valait rien pour inaugurer une vaste méthode, elle constituait en revanche l'excellent début d'un bref roman, ou d'un conte, comme vous voudrez. Je remis le collier, me laissai guider par l'inspiration la plus libre, ne me souciant plus, cette fois-ci, de faire court ou d'introduire quoi que ce fût.

Trois semaines plus tard, *Le Millionnaire* était né.

Je suis conscient que sa naissance n'a pas été très romantique, très glorieuse. Elle est à peine honorable, lorsqu'on y pense puisque ce personnage si populaire qui a séduit tant de publics, d'âge et de nationalités différentes, doit son existence, en somme, à une commande, bien vénale, et d'ailleurs, ironiquement, refusée.

Parfois je me demande ce qui serait advenu du *Millionnaire* si cet éditeur avait accepté cette introduction longuette et m'avait payé au lieu de me suggérer bien aimablement d'en faire ce que bon me semblait. Et une angoisse monte en moi. Comme si je l'avais échappé belle, comme si j'avais frôlé – inconsciemment – un précipice... Cette merveilleuse aventure n'aurait pas eu lieu, et ma vie aurait été autre. Ma carrière aussi sans doute, puisque les deux sont indissociables. J'aurais sans doute écrit autre chose, mais aurais-je connu autant de succès?

Que cela me serve de leçon pour mes échecs à venir, qui sont peut-être le mystérieux prélude de succès éblouissants, que je n'aurais pas su imaginer: la Vie est la plus grande des romancières.

Je sais bien que le récit de cette naissance étouffera certaines illusions. Mais c'est la vérité et, aussi décevante soit-elle, je crois que le lecteur y a droit.

Lorsque j'avais apposé le point final au *Millionnaire*, je ne m'imaginais évidemment pas qu'il aurait un jour une suite, et encore moins qu'il deviendrait une série.

Il me fallut d'ailleurs bien des années pour que je me décide enfin à faire revivre cet excentrique philanthrope, malgré les pressions de mon agent, qui recevait celles des éditeurs. D'autres projets m'habitaient. Et puis, à la vérité, une partie de moi s'opposait au principe de la série qui pourtant enchante les éditeurs. Puis un jour, deux ou trois années plus tard, le vieux Millionnaire revint me visiter, m'étourdissant de ses pirouettes philosophiques, m'édifiant, me rassurant, me consolant, m'inspirant de sa sagesse sans prétention.

D'abord, je voulus le chasser...

Il avait été certes le personnage principal d'un de mes livres qui avait le mieux marché, et qui m'avait attiré – et m'attire encore – un courrier abondant des quatre coins de la terre, mais pour moi il était mort et enterré, le héros d'une aventure unique...

Mort et enterré?

Mais alors, que signifiaient les clins d'œil qu'il me décochait malicieusement, quel était ce sourire ironique que je trouvais un peu trop voltairien, et qui me rappelait la fascination de mes débuts – et ma première erreur, qui m'avait coûté deux ans?

Et pourquoi cette insistance à revenir frapper à la porte de mon imagination, à danser, même, au-dessus de ma tête, au-dessus de mon épaule, comme un ange gardien – ou un véritable démon? Comme s'il savait des choses que je ne savais pas, que je ne savais pas encore: qu'en fait, il n'était pas mort, qu'en fait, il n'avait jamais été aussi vivant, aussi énergique, aussi amusé et qu'il me tirerait l'oreille jusqu'à ce que je lui permette de s'incarner dans un conte nouveau...

Comment?

Je le croyais mort depuis longtemps, je croyais que ses nobles paupières s'étaient refermées à tout jamais sur la lumière bleue de ses yeux, que jamais plus son sourire ne viendrait me réchauffer, ses pantomimes me dérider, et voilà que je me sentais tout à coup plus proche de lui que... de mes proches!

Il avait le sourire taoïste de celui qui sait.

Il n'avait pas tort, car je cédai enfin, lui ouvris les bras, et fus d'ailleurs si heureux de le retrouver que je me demandai comment il se faisait que je l'avais répudié si longtemps.

Mystère de la vie.

Ingratitude de romancier.

Aujourd'hui, je suis content que le Millionnaire – j'entends le personnage – existe malgré la modestie, malgré le côté accidentel de sa naissance. Je suis heureux de le savoir... vivant, si je puis dire, et souvent il me manque. Et comme je ne peux souffrir de me relire, je suis tenu, pour le retrouver, d'imaginer d'autres aventures.

Après une naissance incertaine, je ne puis que lui souhaiter longue vie.

Comme à vous, ami lecteur, qui jouez dans ma vie un rôle plus grand que vous ne croyez, même si je ne vous croise jamais ou si peu. Je me console à l'idée qu'au moins nous nous rencontrons régulièrement dans cet hôtel magnifique, le plus luxueux et pourtant le moins cher, cet hôtel qui a plus que quatre étoiles puisqu'il contient toutes les étoiles du ciel, cet hôtel où j'essaie de descendre quotidiennement, et où vous descendez vous aussi, au bout de tous les voyages, au commencement de toutes les aventures : un livre.

Persévérer

« Marc, je vais être honnête avec toi, je ne vois vraiment pas qui pourrait lire ce livre !»

Ce diagnostic pour le moins accablant émanait de la bouche d'un des plus grands éditeurs montréalais, et il concernait un tout petit manuscrit que j'avais écrit avec fébrilité en quelques semaines et que j'avais intitulé : *Le Millionnaire*.

Parfois les éditeurs ont raison.

Mais parfois aussi ils ont tort.

Je pensai que, malgré sa grande expérience – et l'amitié qu'il me témoignait –, cet éditeur appartenait à la deuxième catégorie.

Je pensai aussi que lorsque quelqu'un commence une phrase par les mots : «Je vais être honnête avec toi», il confond souvent sa sincérité – qui n'est pas en cause – avec son jugement. Qui peut être fautif. En d'autres mots, ce n'est pas parce qu'une personne est honnête avec vous qu'elle a forcément raison : le monde est plein d'honnêtes gens qui, sans le savoir, ont constamment tort.

C'est ce que je pensais en quittant le bureau de ce grand éditeur, avec mon petit manuscrit sous le bras, un peu dépité il est vrai, parce que personne n'aime essuyer un refus.

Mais je redressai la tête.

C'était le printemps, il faisait un temps splendide et je ne pouvais admettre la sévère condamnation de cet éditeur, je ne pouvais me résoudre à remiser aux oubliettes ce personnage du Millionnaire qui était venu frapper si aimablement à la porte de mon imagination.

J'avais été trop exalté lorsque j'écrivais le livre, et une intuition m'avait aussitôt habité: *Le Millionnaire* voyagerait, il ferait le tour du monde et serait traduit en plusieurs langues. Je n'appuyais cette certitude sur aucun fait car si j'avais déjà été publié, exclusivement sous mon nom véritable, je n'avais jamais été traduit. Et puis, je n'avais que trente-trois ans: mon optimisme débordait, je ne me laisserais pas arrêter par cette petite contrariété.

Pourtant, pendant plusieurs mois, la réalité allait démentir ma conviction. En effet, je fus incapable de trouver un éditeur. Chacun me répétait ce que le premier éditeur m'avait dit, que j'avais trouvé ridicule mais qui finalement était peut-être vrai. Pourtant, non, ma foi restait inchangée.

Je prends un grand risque...

Je résolus de suivre l'exemple de nombre de mes devanciers plus célèbres, et de défrayer moi-même les coûts d'édition – assez importants – du livre. Je le fis du reste en m'associant à un ami avec qui je fondai une petite société d'édition qui ne fit pas long feu. Nous étions inexpérimentés, et le monde de l'édition punit sévèrement l'amateur, à moins qu'il ne soit bardé d'une chance de bossue. Ce qui ne fut pas le cas: il faut dire que l'édition n'était pas notre véritable passion, ni à cet associé ni à moi. D'autres affaires plus lucratives l'accaparaient, et mon rêve véritable était d'être écrivain et non pas éditeur.

Le livre vit pourtant le jour et connut un honnête succès, c'est-à-dire que nous parvînmes à écouler le tirage initial de trois mille exemplaires, essentiellement en raison du bouche à oreille, qui restera toujours la meilleure – et la moins coûteuse – des publicités.

Malgré ce demi-succès – qui était aussi un demi-échec – je demeurai insatisfait. Ma gloire demeurait locale. Ma certitude d'un succès outre frontière subsistait, mais commençait peut-être à ressembler aux banales élucubrations d'un rêveur dont l'ambition excédait le talent: affection fort courante qui réservait des lendemains douloureux.

Un coup de pouce du hasard...

Pourtant, à quelque temps de là, je tombais, par un de ces hasards heureux – ils sont peut-être simplement la récompense d'une foi claire et persévérante –, sur un article dans le *Publishers Weekly*, un magazine spécialisé sur le monde de l'édition. Cet article, commis par un célèbre agent littéraire français, expliquait qu'il était fort difficile, voire impossible de percer le marché américain, même pour l'auteur d'un grand succès de librairie en France, même pour le gagnant du Goncourt, pour la simple et bonne raison que les éditeurs américains ne lisaient pas... le français!

À son humble avis, la clé du succès américain – du moins pour un Français – était par conséquent de défrayer soi-même les coûts de traduction. Cet agent déplorait d'ailleurs que cette pratique fût si peu courante voire inexistante chez les éditeurs français: la traduction étant onéreuse, et les chances de succès aléatoires, peu s'y risquaient...

En lisant cet article, j'éprouvai les frissons que j'avais déjà ressentis en complétant mon manuscrit du *Millionnaire*. Il me semblait que je venais enfin de trouver la clé qui me manquait, qui m'ouvrirait enfin les portes du succès. Sans hésiter, je me mis à la recherche d'un traducteur qui s'avéra être une traductrice. Je la trouvai rapidement et consacrai une bonne partie de mes économies à lui verser son cachet.

Traduction en main, j'exultais. Mon rêve allait enfin se réaliser, après plus d'un an d'attente! Ce n'était maintenant plus qu'une question de mois, de semaines!

Une rapide visite en librairie me permit de dresser la liste de tous les éditeurs américains qui m'intéressaient... et qui seraient assurément intéressés par mon œuvre! Puis je fis une dizaine de photocopies, et, tremblant d'émotion, mis les manuscrits à la poste. Il ne me restait plus qu'à m'asseoir, satisfait, et à savourer à l'avance cette gloire qui maintenant était à portée de la main.

J'avais jusque-là peiné inutilement, mais j'avais maintenant trouvé le point d'appui dont Archimède avait besoin pour soulever l'univers, et que j'avais découvert dans cette revue américaine. Je me demandais d'ailleurs comment il se faisait que je n'y avais pas pensé auparavant, tant c'était simple, tant c'était comme l'œuf de Christophe Colomb. Dans quelques semaines, les offres américaines pleuvraient sur mon bureau.

À l'assaut du marché américain...

Les premières réponses ne tardèrent pas à arriver, presque toutes identiques, et d'ailleurs surprenantes, comme si les éditeurs américains s'étaient passé le mot. Tous refusaient le manuscrit sans même l'avoir lu en expliquant qu'ils ne considéraient pas ce qu'ils appelaient du... *unsolicited material*, du matériel non sollicité.

J'étais effondré.

Puisque les éditeurs américains ne me connaissaient pas, jamais ils ne solliciteraient une de mes œuvres – traduite ou pas – et par conséquent jamais je ne serais publié chez l'Oncle Sam. Mes espoirs s'évanouissaient, comme d'ailleurs s'étaient évanouies les économies que j'avais consacrées à la coûteuse traduction du manuscrit.

Que faire?

Tout espoir n'était pas encore perdu puisque tous les éditeurs ne m'avaient pas encore répondu. Qui sait? il s'en trouverait peut-être un moins conformiste que ses collègues qui accepterait de publier un manuscrit à partir de sa seule valeur. J'examinai la liste des éditeurs retenus, et j'en conclus qu'il me fallait conserver mon optimisme: il y avait encore deux éditeurs qui ne m'avaient pas refusé... puisqu'ils ne s'étaient pas encore manifestés, et donc mon opération ne pouvait pas être taxée d'échec.

Pourtant deux semaines plus tard, mes espoirs s'amenuisèrent de nouveau lorsque l'avant-dernier éditeur imita ses collègues. Une semaine d'attente de plus, et j'ouvrais avec anxiété la dernière lettre qui contenait également un refus, mais libellée de manière différente. Cet éditeur ne considérait aucun manuscrit qui ne lui avait pas été proposé... par un agent!

Information nouvelle et capitale. Je me frottais pour la première fois aux différences de tradition éditoriale: la française et l'anglo-saxonne. Les éditeurs français, même les plus importants, examinent – sérieusement ou pas, je ne saurais dire – mais examinent tous les manuscrits reçus même ceux envoyés par d'illustres inconnus. À la vérité, ils ne prisent guère les agents, qu'ils perçoivent comme des ennemis, des requins qui n'ont pas leur place dans le monde de l'édition. C'est tout à fait l'opposé chez les Anglo-Saxons (dont les Américains) qui, eux, si tant est qu'ils soient importants, préfèrent transiger avec les agents plutôt qu'avec les auteurs.

Ce refus qui était le dernier aurait pu me décourager. À la place, il me redonnait un certain espoir. Je venais d'apprendre quelque chose que j'ignorais: il me fallait un agent.

Facile à dire.

Mais comment en dénicher un?

Il me faut un agent

Je parvins sans trop de peine à mettre la main sur la liste des principaux agents new-yorkais – New York est la ville de l'édition comme Los Angeles est celle du cinéma – leur écrivis une lettre de présentation que je leur envoyai avec le manuscrit du *Millionnaire*.

Nouvel échec.

Les agents qui me répondirent dans les mois suivants – certains ignorèrent ma missive – m'expliquèrent qu'ils ne représentaient que des auteurs... déjà publiés aux États-Unis!

Décidément...

La série noire se poursuivait et mon bel optimisme du début commençait à s'effriter sérieusement. On a beau être positif, voir la vie en rose, et continuer de rêver malgré vents et marées, lorsque tout va mal et que les échecs s'accumulent, n'est-ce pas le temps de se dire que la Vie veut nous faire comprendre que nous ne sommes pas sur la bonne voie? Comment savoir si notre persévérance est vraiment louable? N'y a-t-il pas un moment où il faut se dire que notre obstination n'est qu'un entêtement aussi stupide que stérile?

Je crois qu'une seule personne peut répondre à cette question et c'est celle qui se la pose. Moi, mon intuition me disait que, malgré les apparences, je devais persévérer: mes échecs étaient seulement provisoires, ils étaient seulement les étapes lentes mais nécessaires qui me conduiraient à la victoire finale.

Pourtant, même si je n'avais pas renoncé, j'étais un peu découragé, et surtout, il me semblait que j'étais dans un cul-de-sac. J'aurais aimé pouvoir déployer mon énergie dans une nouvelle direction, mais je ne savais pas laquelle. Quelques semaines s'écoulèrent sans que je fasse de nouveaux efforts: je réfléchissais.

Dans le travail que je faisais à l'époque, j'étais entré en contact avec un agent montréalais. Il ne pouvait pas me servir d'agent pour les États-Unis car son travail consistait essentiellement – et quasi exclusivement – à vendre au Québec des droits d'ouvrages américains. Il ne faisait pas le contraire. À quelque temps de là il me rendit visite et me demanda un petit service: envoyer pour lui en Angleterre un ouvrage qui, exceptionnellement, croyait-il, pouvait intéresser un éditeur britannique.

Je m'empressai d'accepter, même si c'était normalement à lui de le faire, et à lui de défrayer les coûts de l'envoi. C'est qu'une idée m'était venue. J'en profitai pour glisser dans l'enveloppe mon manuscrit du *Millionnaire*. Avec mon numéro de téléphone.

C'était en juillet. Je partis alors en voyage – aux États-Unis: je n'étais pas aigri – et je ne repensai plus à mes démarches pour ne pas gâcher mes vacances. Pour conserver son équilibre mental – en tout cas lorsqu'on a choisi ce métier incertain et difficile de romancier – il faut savoir fermer la porte à nos soucis, ne pas les emporter dans nos valises, en un mot vivre nos vacances en vacancier, et non pas en romancier tarabusté par ses soucis!

Je ne sais si cette insouciance influença mon destin – ne dit-on pas qu'il faut parfois lâcher prise? – en tout cas elle rendit fort agréable mon séjour à Ogunquit, charmante station balnéaire du Maine à la mode à l'époque, et ma compagne m'en sut gré, qui me trouvait déjà assez absorbé par mes romans lorsque nous étions à la maison.

La chance me sourit

À mon retour, sur mon répondeur, je trouvai un message surprenant. C'était l'agent londonien qui me disait une chose très agréable.

Non seulement une d'ailleurs mais deux.

Mais commençons par la première...

Elle me disait, puisque c'était une femme, avoir beaucoup aimé le manuscrit que j'avais pris la liberté de lui envoyer et me posait ensuite une question inattendue:

«Est-ce que les droits sont encore disponibles?»

Est-ce que les droits sont encore disponibles!

Il y avait des mois que je tentais en vain de les céder!

Elle m'avait laissé son numéro de téléphone. Et le lendemain matin, un lundi, je m'empressai de lui téléphoner à ses bureaux londoniens. Dès que je l'eus en ligne, elle me parut sympathique. Il faut dire que c'était le seul agent qui avait daigné me parler! Mon impression fut si bonne que je lui dis: «Jeudi prochain, à onze heures, je serai à vos bureaux!»

Voyage audacieux et coûteux: mais il me semblait qu'après des années d'attente, la chance me souriait enfin. Je n'allais surtout pas la laisser passer, ni lésiner avec les quelques milliers de dollars que mon séjour londonien me coûterait!

J'avais demandé à mon agent (ce possessif était un peu prématuré, non?) de me réserver une chambre de prix modique. Aussi, lorsque j'arrivai à Londres, la veille du rendez-vous, je pus descendre au Flemming (comme le père de James Bond: hasard prometteur me sembla-t-il!), un petit hôtel du west End, sur Half-Moon Street, nom romantique à souhait pour un néophyte comme moi.

Lorsque je remplis la fiche d'inscription que l'hôtelier me tendit avec son accent auquel je m'habituais petit à petit, je dus réprimer une grimace: cet hôtel d'un prix «modique» me coûterait 90 livres sterling, soit plus de deux cents dollars par nuit! Mais il était trop tard pour reculer, j'étais à Londres, une des capitales les plus prestigieuses de l'Europe...

J'éprouvai pourtant un autre choc lorsque je vis ce que 200 dollars permettaient de s'offrir dans le west End londonien, qui, soit dit en passant, est le quartier chic des affaires et des jolies boutiques... La chambre en effet était d'une telle exiguïté qu'il fallait y circuler prudemment pour ne pas heurter d'un côté le lit, de l'autre, comme seul mobilier, la petite commode bancale qui supportait tout de même un téléviseur que je m'empressai d'ouvrir: il est toujours amusant de découvrir les émissions étrangères. La chambre du reste était propre – il ne devait falloir que dix minutes pour en faire le ménage complet! –, il y avait une toilette – ce n'est pas le cas de toutes les chambres comme elles sont la norme en Amérique – et un bain fort ancien. Mais bon, je n'étais pas venu à Londres pour ma lune de miel, et de toute manière je ne moisirais pas longtemps dans ma chambre.

Une rencontre décisive

Le lendemain, à onze heures très précises (je m'étais fait un devoir d'être ponctuel pour faire bonne impression) encore mal remis du décalage horaire, fraîchement rasé et exceptionnellement cravaté, je me présentai aux modestes bureaux de cet agent londonien, une charmante blonde qui d'ailleurs, par un hasard étonnant, parlait aussi bien français qu'anglais puisque sa mère était parisienne. Décidément, après m'avoir boudé pendant des années, la chance me souriait enfin!

À midi, Cathy Miller – c'est son nom – m'emmena déjeuner dans un charmant petit restaurant du quartier, *Fulham*, et, comme nous sympathisions, elle me fit des confidences, m'expliqua que le problème avec la plupart des auteurs c'est qu'ils refusaient en général de payer ses dépenses tant et aussi longtemps qu'elle n'avait pas réussi à leur trouver un éditeur, ce qui la plaçait souvent dans une situation financière précaire, d'autant qu'elle avait l'honnêteté de m'avouer que ses efforts n'étaient pas tous couronnés de succès.

Je tirai alors mon carnet de la poche de ma veste, et, sur le coin de la table, lui signai un chèque de mille dollars que je lui tendis. Cathy arrondit les yeux, même si la somme n'était pas vraiment... rondelette! Je crois que dans chaque rencontre d'affaires, chaque interlocuteur exprime à un moment ou un autre, et pas de manière toujours explicite, son «problème» principal, son «besoin». Il me semblait que Cathy venait de le faire assez clairement. Je lui expliquai alors que ce chèque était une avance sur ses honoraires et que, chaque mois, je lui en ferais parvenir un du même montant. Elle se rebiffa immédiatement, embarrassée.

«Mais je ne te disais pas ça pour ça!»

Et elle tendit en ma direction le chèque que je refusai de prendre.

– Non, non, dis-je, je tiens vraiment à ce que nous fonctionnions comme ça.

– Mais si je ne réussis pas à placer le manuscrit?

– On en reparlera dans un an.»

Elle sourit, ravie de la confiance que je lui témoignais, et empocha le chèque. Il faut dire que la confiance qu'elle m'avait inspirée était très grande, qu'en vérité elle m'avait fait une excellente première impression, ce qui est capital. Elle m'avait semblé une femme intelligente et honnête, qui connaissait son métier: à preuve elle s'intéressait à moi!

Je voulais surtout que, dans sa valise, mon manuscrit soit le plus important parce que j'aurais été l'auteur qui lui aurait accordé la plus grande confiance: appelons cela de la générosité calculée.

Pourquoi j'ai pris un nom de plume

C'est au cours de ce premier repas que le problème de mon nom surgit. Il semblait à Cathy que mon nom véritable, Marc-André Poissant, était fort peu exportable, car il était difficilement prononçable pour un Britannique. J'eus une hésitation. J'aimais mon nom, enfin pas de manière narcissique, mais je l'aimais. Et mon père l'aimait encore plus car il ne parlait jamais de la famille autrement que du clan Poissant. Ne verrait-il pas dans l'abandon de mon nom de naissance un douloureux reniement? Je ne donnai pas tout de suite à mon agent (maintenant il me semblait que je pouvais l'appeler mon agent puisqu'elle avait accepté ma première avance!) une réponse, mais lui promis que j'y réfléchirais.

Le soir, dans la solitude de ma chambrette, que je retrouvai après avoir visité quelques pubs... anglais (ce qui m'avait convaincu que je ne deviendrais jamais amateur de bière brune!), je pensai à ma conversation avec Cathy.

Prendre un nom de plume...

Idée un peu saugrenue à laquelle je n'avais jamais pensé...

Je m'étais déjà demandé – et j'avais il me semble tout de suite trouvé la réponse! – ce que penserait mon père d'une pareille décision...

Et mes amis?

Ne trouveraient-ils pas l'idée cocasse, pour ne pas dire carrément ridicule? Je laissai se dérouler le fil de mes pensées. Je songeai alors que nombre de comédiens, de chanteurs, d'auteurs s'étaient fait connaître sous un nom d'emprunt, que la pratique était courante, d'ailleurs plus courante que ce que nous pouvions imaginer, car c'était justement sous leur nom d'emprunt et non sous leur nom véritable que ces artistes s'étaient fait remarquer.

Du reste, des devanciers beaucoup plus célèbres que moi avaient fait, à leurs débuts, des compromis. Par exemple, mon idole Jean-Paul Sartre n'avait-il pas accepté que le titre de son premier roman passât de *Mélancholia* à *La Nausée*, concession sans laquelle Gaston Gallimard n'aurait pas publié l'œuvre qui allait le lancer si brillamment? Et sa compagne, Simone de Beauvoir, n'avait-elle pas accepté de réécrire *L'Invitée*, son premier roman? Je me rappelai alors que mon grand-père paternel, qui avait de la parenté à Burlington, se faisait appeler Fisher lorsqu'il y était en visite, une traduction fort libre de Poissant.

Le lendemain, au *Brown's Hotel*, (établissement réputé pour les rencontres littéraires) en me laissant initier par Cathy à la délicatesse du thé anglais – à l'occasion d'un *high tea*: servi avec sandwichs et pâtisseries sur des plateaux à étages multiples! – je dis:

«Que penserais-tu de Marc Fisher?

– Marc Fisher», dit-elle d'un air songeur, alors qu'un sourire plutôt favorable fleurissait ses lèvres. «Oui, ce n'est pas mal. C'est court, facile à retenir. Et puis ça peut avoir l'air autant américain, écossais qu'allemand. Oui, j'achète», conclut-elle, cette fois-ci décidément enchantée.

Et c'est ainsi que, pour des raisons strictement pratiques – et pour faciliter la tâche à cet agent qu'il m'avait été si difficile de dénicher – j'adoptai ce nom de plume qui, comme je l'avais prévu, ne fit pas l'unanimité dans ma famille. Et pourtant comme c'était mon choix, et que le motif qui me l'avait inspiré était purement professionnel, on fit – lorsque je dis «on», je pense surtout à mon père – contre mauvaise fortune bon cœur et me taquina davantage qu'on me houspilla au sujet de mon changement d'identité.

Une voyante avait tout prédit

Ce compromis qui m'avait paru nécessaire à l'avancement de ma carrière, je m'en accommodais assez bien même si je déplorais secrètement le reniement familial, même circonstancié, qu'il comportait. C'est que l'anonymat relatif que conférait un nom de plume ne me déplaisait pas.

On dit volontiers qu'un romancier se cache derrière ses personnages: moi je pourrais dès lors me cacher doublement puisque que je me cacherais aussi derrière mon nom de plume. Du reste, ma vanité personnelle n'en souffrait aucunement, car si je voulais être connu, ce n'était pas tant par désir de gloriole que pour pouvoir être lu davantage, et par conséquent être libre d'écrire parce qu'alors mes redevances seraient à l'avenant.

En rentrant à mon hôtel après avoir flâné à *Picadilly Circus*, qui était à deux pas, puis avoir passé devant le *Ritz*, auquel je pourrais assurément descendre dès que mon ouvrage connaîtrait le succès qui lui était promis (il fallait vraiment qu'il fût un succès, car j'avais osé au passage m'informer du tarif des chambres et la plus modeste commençait à 600 dollars la nuit!), je m'avisai que ce n'était peut-être pas par hasard que j'avais consenti à prendre ce nom de plume plutôt qu'un autre. Il m'était peut-être prédestiné.

En effet, en refermant derrière moi la porte de ma chambre si minuscule, je me rappelai une prédiction étrange – que j'avais à l'époque trouvée ridicule et que j'avais depuis longtemps oubliée – d'une voyante consultée pour complaire à une amie qui croyait dur comme fer aux sciences divinatoires.

Madame Spedding – c'est son nom – une sexagénaire au regard perçant et à la tête toute blanche m'avait annoncé, presque dès le début de la séance, et sans connaître mon métier ni même mes aspirations, que je parlerais un jour plusieurs langues. Je l'arrêtai tout de suite: je parlais convenablement l'anglais mais polyglotte, je ne le serais jamais.

Malgré ma protestation, la voyante surenchérit:

«C'est ce que mon guide me dit. Il me dit aussi que vous serez connu sous le nom de *Star Fish*...»

Je l'arrêtai de nouveau: jamais je ne m'affublerais d'un nom aussi ridicule!

Pourtant, cinq ou six années après cette consultation, force m'était d'avouer que *Star* sonnait un peu comme Marc, et que *Fish* ressemblait assurément à Fisher!

Et puis, pour les langues, si je ne devenais jamais polyglotte, je serais par ailleurs traduit, et donc, même si la prédiction de la voyante n'était pas rigoureusement exacte, elle était essentiellement juste...

Je ne suis pas au bout de mes peines...

Je m'allongeai sur mon lit et pensai à ma rencontre avec l'agent londonien: il me semblait que je venais de franchir un grand pas, que je touchais enfin au but.

Après combien d'années?

Je fis un calcul rapide, et m'étonnai de constater que près de deux années déjà s'étaient écoulées depuis que, dans un moment d'exaltation, j'avais complété le manuscrit du *Millionnaire*.

Je pensai alors que la patience était sans doute la vertu la plus nécessaire au métier de romancier – comme peut-être à tout succès... Le succès est un port, on y voit arriver le héros, on ignore ou oublie les tempêtes qu'il a dû traverser...

Sacha Guitry a dit: «Réussir c'est faire à quarante ans ce qu'on rêvait de faire à vingt ans!»

Je commençais à sonder la vérité de cette réflexion.

Et d'ailleurs, je n'avais pas encore atteint le but: et comme il arrive souvent dans l'enthousiasme de la jeunesse, je me réjouissais prématurément.

Car les six premiers mois qui suivirent notre rencontre, les efforts de mon agent ne furent pas couronnés de succès. Tous les éditeurs lui répétaient que je n'étais pas connu, que le livre ne valait rien, etc. Elle me suggéra de renoncer car j'avais déjà engagé des frais importants, lui envoyant religieusement, chaque mois, l'avance promise. Je la rabrouai, la priai de poursuivre.

Trois nouveaux mois s'écoulèrent, qui ne nous apportèrent que de nouveaux refus. La liste des contacts de Cathy s'épuisait, et, elle me l'avoua plus tard, le découragement avait commencé à la gagner, sans compter une certaine culpabilité pour avoir accepté mes généreuses avances.

Ma résolution aussi commençait à fléchir, et je devais faire des pieds et des mains, m'endetter, surcharger mes cartes de crédit pour pouvoir continuer à envoyer à mon agent les mille dollars mensuels.

Ne devais-je pas renoncer?

N'était-il pas temps de faire preuve de réalisme?

Mettre une croix sur ce rêve, sur cette aventure insensée?

Le mystère des familles d'esprit...

Et pourtant j'avais – et j'ai encore aujourd'hui – cette conviction, un peu bizarre, j'en conviens, qu'il existe de par le monde, inconnues et forcément invisibles, ce que j'appelle des familles d'esprit.

Oui, des familles d'esprit...

C'est-à-dire des êtres, que je ne connais pas nécessairement, que je ne rencontrerai peut-être jamais, et qui pourtant sont plus proches, intellectuellement, moralement, spirituellement que mes collègues, mes amis, et même, parfois, les membres de ma propre famille.

Et un jour, mon agent mettra mon manuscrit dans les mains d'une des ces personnes, qui pensera de mon livre la même chose que moi...

Cette pensée – pour mieux dire cette conviction – me soutint dans l'adversité.

Ma patience est enfin récompensée...

Onze mois après avoir fait sa rencontre, juste un peu avant la limite que je m'étais fixée, Cathy Miller trouva un éditeur intéressé, un éditeur qui d'ailleurs était considérable, Sidgwick and Jackson (un peu l'équivalent de Gallimard en France) et offrait une avance fort sympathique – je devrais même dire faramineuse pour moi à l'époque – de 20 000 livres sterling! (Près de cinquante mille dollars).

Quelques mois plus tard, l'entente était paraphée, et je reçus avec un soulagement non dissimulé la moitié de cette fabuleuse avance. Mais comme tout prend du temps en édition – comme dans la vie en général: il n'y a que les impôts qui arrivent toujours trop vite! – il me fallut attendre plusieurs mois (sept ou huit) avant que l'édition britannique ne parût. Je crus alors, tout naturellement, que trouver un éditeur américain ne serait qu'une simple formalité. Mais le monde de l'édition est plein de surprises. Celle qu'il me réservait fut que les Américains se laissèrent tirer la patte. Il fallut en effet six mois avant que mon agent ne déniche un éditeur intéressé, qui mit une année avant de publier l'ouvrage.

Lorsque je tins enfin dans mes mains le premier exemplaire de l'édition américaine, qui était très réussie, je me fis la réflexion qu'entre le jour où j'avais achevé la composition du *Millionnaire*, et ce jour glorieux, il s'était écoulé près de cinq ans, et il y avait vingt ans que j'avais commencé à écrire: le véritable test de notre foi, c'est le temps, ce sont les échecs.

Je fais ces remarques, entre autres, en pensant à de plus jeunes collègues qui ont peut-être essuyé – ou essuieront: c'est quasi inévitable – des refus décourageants. Et qui seront ou été parfois tentés de renoncer après un an ou deux d'efforts infructueux. Et qui auraient peut-être réussi, et qui réussiraient peut-être s'ils avaient fait un petit effort de plus, s'ils avaient résisté à une vexation de plus du mauvais sort, s'ils avaient eu le courage – et la sagesse, consciente ou pas! – de durer.

Car c'est le secret, il me semble, du succès, en tout cas un de ses ingrédients essentiels, et la recette ne vaut pas uniquement pour le métier – si incertain – de romancier.

Durer.

Avoir la fermeté, la... dureté intérieure, apprise avec le temps, ou enseignée par quelque âme plus ancienne, de durer.

Durer.

Chaque jour.

Chaque semaine.

Chaque année.

Malgré les contrariétés, la lenteur des choses, les retards.

Durer.

Et chaque jour, malgré la fatigue, malgré les chagrins, malgré les déceptions, faire un pas de plus vers le but.

Lorsqu'on tombe, se relever, une fois, dix fois, mille fois, comme un enfant, avec le sourire, toute honte bue car l'échec est instructif, il est ouvrier d'humilité.

Durer et, dans le détachement, laisser la Vie, artiste silencieuse mais suprêmement efficace, forger notre caractère, et le rendre tel que le succès est inévitable: «caractère égale destinée».

Durer et se rappeler que le chêne majestueux n'a d'abord été qu'un gland minuscule et fragile. Un gland qui ne serait pas devenu cet arbre admirable s'il n'avait pas résisté aux tempêtes, dangereuses et parfois fatales, de sa jeune existence.

Oui, durer...

Surtout dans les débuts: combien de carrières florissantes n'auraient jamais vu le jour si on n'avait pas surmonté les premières difficultés, si on avait cédé à un découragement précoce...

Durer et se rappeler que lorsqu'on voit un succès, on ne voit que la pointe de l'iceberg, on ne voit pas tout le travail souterrain qui l'a précédé, si bien qu'on croit ses propres échecs uniques, et s'en laisse abattre trop aisément.

En contemplant encore incrédule – comme si c'était trop beau pour être vrai! – la précieuse édition américaine du *Millionnaire*, je pensai aussi que la vie était ironique: si j'avais écouté ce premier éditeur montréalais qui avait été si «honnête» avec moi, jamais mon livre n'aurait vu le jour, jamais je ne n'aurais pu vivre cet instant magique. Et jamais je n'aurais été traduit en une vingtaine de langues, ce qui est actuellement le cas, car une fois l'édition américaine sur le marché, les éditeurs étrangers emboîtèrent le pas.

Les voies mystérieuses de la Vie

J'esquissai un sourire de reconnaissance, comme si en fait je devais littéralement mon succès au refus de cet éditeur avec qui d'ailleurs j'étais resté en fort bons termes. Une pensée grave me traversa alors l'esprit: si cet éditeur montréalais avait accepté mon manuscrit, *Le Millionnaire* n'aurait probablement pas connu le sort qu'il a connu.

Pourquoi?

J'étais à peu près inconnu à l'époque, et j'aurais sûrement été forcé de céder à cet éditeur tous mes droits, je veux dire mes droits de traduction pour lesquels il m'aurait remis – c'est la norme dans le milieu – la moitié de ce qu'il aurait éventuellement touché, si tant est qu'il eût fait des efforts pour intéresser des éditeurs étrangers, ce à quoi nos éditeurs s'épuisent rarement.

Mais avec de semblables conditions, alors que je n'aurais touché que la moitié des droits étrangers, aurais-je eu envie d'investir seul dans la traduction du *Millionnaire*? Aurais-je fait tous ces efforts, aurais-je subventionné pendant près d'un an mon agent britannique?

Pour être honnête avec moi (pour reprendre l'expression de l'éditeur montréalais) la réponse est probablement non. D'autant que lorsqu'on cède les droits de traduction, l'éditeur, sauf accord spécial, reste seul habilité à négocier des ententes avec des collègues étrangers et, par conséquent, je n'aurais pas eu un mandat très clair avec l'agent londonien.

En somme, et sans aucune ironie de ma part, lorsque j'avais présenté ce manuscrit à cet éditeur j'avais commis une erreur, et je l'avais échappé belle. S'il avait accepté mon manuscrit comme je le souhaitais ardemment à l'époque, mon destin aurait été tout autre, et ma carrière aurait pris un tournant que je préfère ne pas imaginer.

Cet éditeur «expérimenté», proclamant son honnêteté, ne voyait vraiment pas qui pourrait lire *Le Millionnaire*. Et pourtant, au moment où j'écris ces lignes plus d'un million cinq cent mille exemplaires ont été vendus à travers le monde, dans des pays d'ailleurs aussi exotiques que le Japon, où plus de deux cent mille exemplaires ont été écoulés, comme du reste dans la surprenante Pologne, qui se relève péniblement du joug communiste. Traduit en plus de vingt langues (dont le grec, l'allemand, le chinois le coréen, l'espagnol, le russe, le suédois, etc.), *Le Millionnaire* se moque éperdument du sombre pronostic de mon premier éditeur: il vit de sa vie propre, comme toutes les œuvres condamnées au succès...

Je ne fais pas tant étalage de ces tirages cosmopolites par vantardise (même si une part inconsciente y entre sans doute) que pour que ceux qui me liront, et qui ont tout comme moi des rêves, ne se laissent pas décourager à la première occasion par les conseils et les refus de personnes en place, qui sont expérimentées sans doute, mais dont l'expérience n'est parfois que la répétition des mêmes erreurs, mais dont l'expérience s'arrête là où le véritable succès aurait pu commencer, si tant est qu'on ne les ait pas écoutées.

La vie est un bal masqué: ce qui nous semblait un échec – un échec cuisant, un échec injuste, un échec inacceptable –, est souvent un triomphe ironiquement travesti que le temps révélera.

En somme, le refus de cet éditeur était la meilleure chose qui pouvait m'arriver, je le dis sans plaisanterie aucune, mais avec une sorte de respect devant les voies mystérieuses de la Vie.

Notre seul pouvoir – et c'est sans doute notre pouvoir le plus grand! – est de rêver clairement, est de rêver avec persévérance à ce que nous voulons et de ne jamais nous laisser abattre par les échecs, par les contretemps, par les avis contraires, même de ceux qui se prétendent nos amis.

C'est la Vie – et la Vie seule – qui décide de la manière dont je mettrai la main sur ces belles pommes d'or dont j'ai rêvé avec diligence, dont j'ai rêvé avec confiance.

C'est la Vie – et la Vie seule – qui décidera de l'heure, du lieu et de la manière dont elle me présentera le plateau d'argent sur lequel est posée, magnifique, et d'autant plus émouvante qu'elle est imprévisible, la récompense de ma vaillance.

Il ne me reste donc plus qu'à être un rêveur lucide, un rêveur audacieux, un rêveur confiant. Fort de cette certitude, je peux travailler dans une sorte d'insouciance céleste, de bonheur assuré: «Aide-toi et le Ciel t'aidera!»